JN189173

これだけは知っておきたい

小学校教師のための
算数と数学15講

溝口達也・岩崎秀樹 [編著]

ミネルヴァ書房

はしがき

　昨今のわが国の教育を取り巻く動向をふり返るとき，《いかに *how*》に偏重した「教え方」が取り沙汰されることが多い。小学校の教師は，中等教育とは異なり個々の教科を専門とするわけではないため，ややもするとこうした「教え方」やあるいは「学び方」に傾きがちである。もちろん，そうした取り組みは全面的に否定されるものではないものの，しかし，「学び」の本質を考えるなら，まず《何を *what*》学び，そして《なぜ *why*》学ぶのかを，《いかに *how*》に優先させなければ，教師としての専門性は成立しえないのではないか。

　本書は，《*why*》や《*how*》と連関しつつも《*what*》に主眼を置いて，小学校算数科の内容としての数学的知識を教育的立場から考究するとともに（第1部），算数学習の方法についても数学の本質的立場に則って議論する（第2部）。

　第1部では，算数科の内容から特に数学的な背景について必要と思われるものを選択的に取り上げた。ここで，「数学的な背景について必要」であるとは，単に学問としての数学の入門的な扱いを意味するものではない。学術的知識としての数学的知識は，教育内容として学習指導要領や教科書へと，陶冶価値という基準に基づき選択が行われ，またその知識の構成の仕方が提示される。そのような数学的知識は，さらに教室環境へと持ち込まれ，実際の学習指導において学習者の実態と照らし合わせて具体的な教授学習活動が展開されることになる。このような知識の移行の過程において，どのように多様な制度上の条件や制約が機能しているかといった視座から，類書にあまり見られない構成をとることになった。すなわち，算数という教科内容は，学術的知識の安易な翻訳ではなく，陶冶行為にあたってどのような性格を有しているか，ということを積極的に論じようとするものである。したがって，学習指導要領や教科書に示されていることを無批判に受容するのではなく，真の「教材研究」が行われてこそ，はじめて《*how*》が専門的技量として機能するのであり，逆はあり得ない。本書にある15講のどの講をとっても，教材研究に不可欠な智で充たされて

いると自負するものである。

　また第2部も，上述の通り安易な《how》への解答を意味するものではなく，むしろ，《why》と《what》から帰結されるそれとして提案されるものである。そこでは，従来あまり扱われていない新しい，あるいは国際的な議論も積極的に含むこととした。換言すれば，数学あるいは数学的知識の本性に対する教授学的反省（《why》と《what》）に基づく視座から《how》に言及しようとするものである。読者におかれては，第2部を読み進めるにあたり，第1部と積極的に関連づけながら，各自の演習を図られたい。

　本書は，大学の小学校教員養成課程における算数科の教科専門科目の講義を想定して，全15講構成としている。各講の冒頭には，当該講の中心的トピックを問いの形式で提示することで，読者の問題関心を喚起するように工夫している。本文中の問については，比較的やさしいものからやや難しいと思われるものも含んでいる。適宜理解の深化のために，挑戦していただきたい。もちろん，上述の通り，本書は現職の先生方の教材研究の参考図書としてもお役立ていただけるものと確信する。

　最後に，本書の発刊に際して，ミネルヴァ書房の編集担当の方々，とりわけ浅井久仁人氏に心より感謝申し上げる。

　　2018年8月

　　　　　　　　　　　　　　　　　　　編者　溝口達也・岩崎秀樹

小学校教師のための算数と数学15講

目　次

はしがき

算数学習の内容論的考察

十進位取り記数法

- ■ 筆算の原理としての位取り記数法
- ■ 繰り上がりや繰り下がりの場面での例外的約束
- ■ 0の意味
- ■ 位取り記数表を利用した問題解決
- ■ 数の加法的構成

53−26の筆算について，右のような図を用いて学習指導が行われた。この図に問題はないだろうか。

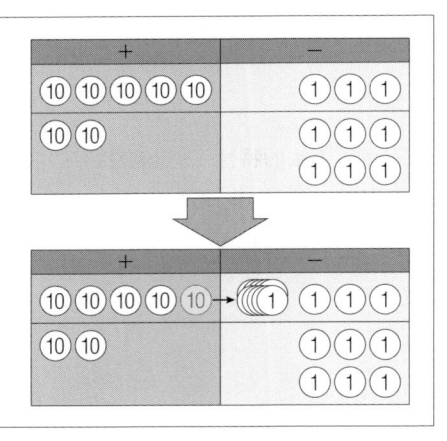

図1−1　53−26の通常の筆算モデル

1．筆算の原理としての位取り記数法

　図1−1の筆算では，初め一の位について「3−6」ができない（小学校においては差が負の数になる場合を考えない）ことから，被減数（53）の10を，十の位から一の位へと繰り下げて「13−6」として一の位の計算を可能とし，次に十の位について「40−20」を行っている。一見すると，何の問題もないように思われる。実際，多くの教科書には，同様の図が掲載されている。*

　＊算数科検定教科書の6社中5社が「求残」の操作を「ブロック」等の図で示している。

　しかしながら，上記の通り，筆算は数の位に基づいて行われる。すなわち，筆算の原理は「位取り記数法」にあって「十進法」にあるわけではない。実際，他の n 進法でも筆算は同様に可能である。そもそも，位取り記数法とは何か。

　位取り記数法は，1つの位に0から $(n-1)$ までの数字が入ることを許し，当該の位の数が n に達したら，1つ上の位に繰り上げる操作を施すものである。したがって，十進位取り記数法の場合，1つの位には0から9までの数字が入り，10に達することで1つ上の位に繰り上がることになる。このとき重要な点は，どの位にもそこには0から9までの同じ種類の数字が入り，その位置，すなわち位によって大きさが表象されることである。ロス（Ross, 1989）は，これらのことについて，次のように十進位取り記数法の4つの特性としてまとめている。

　　1）**位置の特性**：個々の数字によって表される量は，それらが全体の数字の中で所有する位によって決定される。

　　2）**10を基底とした特性**：位の値は，右から左へ10の累乗に増加する。

　　3）**乗法的特性**：個々の数字の値は，数字の額面にその位に割り当てられた値（10の累乗）をかけて求められる。

　　4）**加法的特性**：数字全体によって表される量は，個々の数字によって表される値の合計である。

　図1-1は，一の位，十の位がそれぞれ用意はされているが，そこには大きさそのものを表す①や⑩が置かれており，この意味において，十進法に基づいてはいるが，位取り記数法に基づいているとはいえない。換言すれば，それぞれの位に，その数の大きさそのものを捨象していない図的表記が施されており，十進法を表象はしても，位取り記数法の表象にはなり得ないということになる。すなわち，この図においては，十進位取り記数法を原理とする筆算の仕組みが，学習者に正しく理解されるとは必ずしも期待され得ないと指摘される。

　したがって，上の説明において，十の位の計算は，（その意味するところは正しいのだが）実際に行われる計算は「4-2」であるということになる。「4」や「2」の意味を問われれば，それは「40」や「20」である。しかし，筆算として行われる計算は「4-2」でなければならない。これが，表象そのものが大

きさを表すのではなく，位が大きさを表すことの意味である。

　それでは，このような問題をどのように解決していけばよいだろうか。上記の通り，筆算指導の問題点は，その原理であるところの（十進）位取り記数法による基礎付けの部分にある。そこで，この点の学習指導を，単元の指導計画全体を通して改めることが求められる。具体的には，筆算の指導において，（十進）位取り記数表を用いる際に，どの位にも同じ‘シンボル’を用いることである。例えば，「53−26」であれば，図1−2に示すような十進位取り記数表による筆算のモデルを用いることで，この問題は解決される。

　ここでは，そのようなシンボルとして「○」を用いている。これにより，モデルと実際の記数法との整合性が図られ，また，筆算の仕組みを（十進）位取り記数法に基づいて表象することが可能となる。実際，このようなモデルに基づくことで，位が増えていっても，あるいは小数の場合についても，全く同様の操作に基づく筆算の構成が可能となる（冒頭に示された図1−1では，当該の位に対応した大きさを表象するシンボルを用意する必要があり，その結果，記数法とも整合性が図られないことになる）。ともすると，子どもが《わかりやすい》という名目の下に「十の束」や「百の束」の‘数え棒’や‘ブロック’，⑩や⑩の‘お金模型’を用いて指導される傾向にあるが，（十進）位取り記数法は，上述のように，数学的にはそのような〈モノ〉を必要とせず，同じ数字であっても位によってその大きさを異にすることが基本である。図1−2に示される「○」によるモデルは，この意味でカテゴリカルであるといえる。

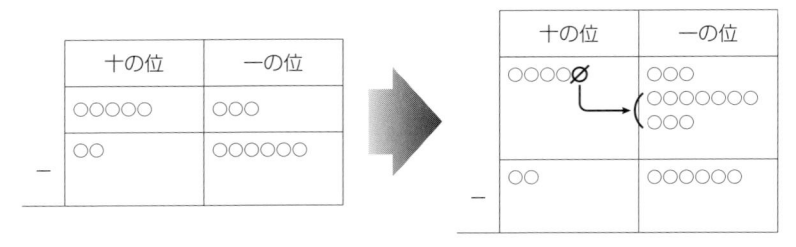

図1−2　「○」を用いた53−26の筆算モデル

問　位取りの原理を数学的に表現してみよう。

2．繰り上がりや繰り下がりの場面での例外的約束

（十進）位取り記数法の原理は，上述の通り「1つの位には0から9までの数字が入り，10に達することで1つ上の位に繰り上がる」ことであるが，実際の計算の過程ではこの原理に反することが起こる。例えば，上の「53−26」では，計算の途中で一の位に「13」が入ることが確認できる。本来の原理に基づくならば，これは認められないことである。しかし，数学では「もし〜ならば」という考え方をよく用いる。ここでも，この考え方を用いることで，繰り上がりや繰り下がりの場面で，10を超えることが起こっても，計算の途中では認めることとする，という約束を学習指導において確認することが大切になる（第15講「算数教育の仕組み」を参照）。

ところで，「繰り上がりのある加法」や「繰り下がりのある減法」において重要となるのは，10のまとまりを基本とすることである。このために，これらを学習する以前に，例えば「18」を10と8と見ることや，繰り上がりや繰り下がりの手続きを式に表すために，三口の加法・減法の式を学習する。このとき，児童はこれら繰り上がりや繰り下がりの手続きを吟味したり説明したりするために，ブロック等の具体物を用いるのだが，よく見られるのは，こうしたブロックを収納する「お皿」が10個詰めであることである。以前は，10個入りの卵のパック等が利用されたりもしていたようである。ここで児童の実態を鑑みたとき，これらの「既成の10」を用いることは望ましいとはいえない。それは，児童自身が10を作ることに自覚的になりにくく，ともすると教師には児童が10を作っているかのように見えて，実際には単にパズルのピースを埋めるかのごとくそうした「既成の10」が児童によって用いられていることもある。繰り上がりのある加法や繰り下がりのある減法の学習においては，むしろあえてそうした「既成の10」を用いず，児童自身が10を作り出すような活動場面を展開するような教師による授業設計が求められることになる。

3．0の意味

位取り記数法は，数の一つの記数法としての形式である。小数もその原理においては位取り記数法である。この場合，位取り記数法によって有理数が表現

されていることになり，小数はそのような記数法の一つであるといえる。分数は，有理数の異なる表現形式である（第4講「有理数の順序構造」参照）。また同様に，中学校で学習する平方根（数）は「2乗して○になる数」を表現する形式である。したがって，記数法は，数そのものではない。私たちの身のまわりには，とりわけ整数を表現するために位取り記数法とは異なる記数法もよく見られる。漢数字（例えば，二百三十五）やローマ数字（例えば，XVIII）がそれである。命数法に基づく漢数字や特定の文字に数の大きさを負荷させたローマ数字による表記の仕方では，実際に必要な数だけが書き表される。ところが，位取り記数法では，例えば「203」の十の位の「0」のように，空位を表す0が必要となる。数学史においては，このような事情が0の発見の契機になったと言われている。しかし，0には多様な意味が存在し，児童の学習において様々な困難の原因になることが指摘されている。多くの場合，0は「ない」ことと同一の意味として理解されるが，もちろんそれだけではなく，0の意味としては，およそ次のように分類することが可能である。

　　 i) 空集合としての0

　　 ii) 空位としての0

　　 iii) 基準点（数直線における原点）としての0

　 i) の場合，上記の「ない」で示されるものに相当するが， ii) の場合，「ない」だけではなく，「ある」ことも同時に意味している。それは，当該の位に入るモノは「ない」ものの，そこに位自体が「ある」ことを意味しているのである。さらに， iii) の場合，「ある」や「ない」とは全く異なる意味を示すものであるといえる。学習指導においては，様々な活動を通して，児童が0の多様な意味を理解できるように配慮することが肝要であろう。

4．位取り記数表を利用した問題解決

　次のような問題を考えてみよう。［小2］（cf. 溝口＆松本，2008)

問題

1から5のカードから2まいをえらんでひきざん
をします。おなじこたえになるときのきまりをみ
つけましょう。（□↔□のしかくのなかにはおな
じかずがはいります。）

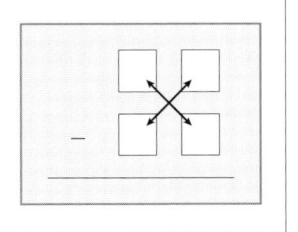

図1-1のような従来よく用いられる図に基づくとき，この筆算を表現して
もそのきまりはなかなか見つからない。ここで，上の「○」を用いたモデルを
用いて表現すると次のようになる。

	十の位	一の位
	∅ ○	∅
	∅	○ ∅

$$\begin{array}{r} 2\ 1 \\ -\ 1\ 2 \\ \hline 9 \\ - \end{array}$$

	十の位	一の位
	∅ ○ ○	∅
	∅	○ ○ ∅

$$\begin{array}{r} 3\ 1 \\ -\ 1\ 3 \\ \hline 1\ 8 \\ - \end{array}$$

図1-3　「○」を用いた21-12, 31-13のモデル

2枚のカードの差が1のとき，
《十の位》と《一の位》に「○」が
それぞれ1つずつ残り，したがって
求める答えが「10-1=9」となる
こと，また2枚のカードの差が2の
とき，《十の位》と《一の位》に
「○」がそれぞれ2つずつ残り，求
める答えは「10-1=9」が2つで
あること等，として解決されること
が期待される。このような操作は，
文字を用いて表現すれば，次のよう
になる。

$$(10a+b)-(10b+a)$$
$$=(10-1)(a-b)\ (a>b)$$

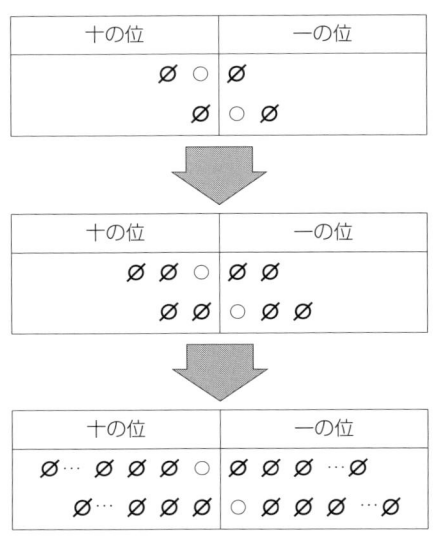

図1-4　「○」を用いた21-12のモデルの
　　　　操作

すなわち，「$a-b$」はカードの差を意味し，その数だけ「10-1=9」があるこ

とを問題の解決は指示している。このような文字による代数的表記は中学校に
おいて学習される事柄であるが，小学校においても上のように図的に表象する
ことで問題の解決を期待したいところである。

　さらに，こうした図的代数を通して，次のような一般化を図りたいと考える。
例えば，カードの数の差が 1 の場合，「21−12」のモデル図ができたら，次に
「32−23」について新しいモデル図を用意するのではなく，前のモデル図に
「○」を付け加えていく仕方で前の場合との相違に着目する。このとき，増加
した分の「○」は，そのまま引き去られる結果となり（○→∅），《十の位》と
《一の位》に「○」がそれぞれ 1 つずつ残る結果から，「○」をいくら増やして
いっても変わることはない，ということがわかる。

> 問　上のような問題場面（21−12 や 52−25）を「AN 数」と呼ぶことが
> 　ある。「ANNA 数」（例えば，3223−2332 や 7447−4774）の場合につ
> 　いても探究してみよう。
> 　[小 3 〜]

5．数の加法的構成

　数（自然数）は，その構成において加法的である本性を有する。それは，以
下に示される「ペアノの公理」と呼ばれる自然数の構成に見ることができる。

自然数の構成〔ペアノの公理〕

(1)　1 は自然数である。

(2)　任意の自然数 n に対して，n の後者とよばれる自然数 n' がただ一つ存在
する。

(3)　1 を後者とする自然数は存在しない。

(4)　m' と n' が同一の自然数ならば，m と n も同一の自然数である。

(5)　M が次の条件(i)，(ii)を満たす N の空でない部分集合ならば，すべての自
然数は M に属する。

　(i)　1 は M に属する。

　(ii)　n が M に属すれば，n' も M に属する。

　ここで，「n の後者」とは，「$n+1$」のことである。まさに（自然）数は，「＋1」の操作によって次々と構成され，それが(5)によって示されるいわゆる「数学的帰納法」に基づき無限に構成されることが認められるのである。このことは，児童が，次々と数の範囲を拡張していく際に，加法的に構成することを示唆している。それは，必ずしも「たし算」を課すことを意味するものではない。むしろ，小学校低学年においては，加法的な場面について「数える」行為を大事にしたいと考えるものである。例えば『100までの数』（小1）で，実際に「100」を作り出すために「96に5を足すとどうなるだろう」といった場面を想定し，これを位取り記数表を用いて展開すると次の通りである。先ず一の位が10に達するので，これを十の位に繰り上げ，さらに十の位も10に達してしまい，これを繰り上げる新しい「部屋」すなわち位が要請されることになる。このように，数の構成においては，位取り記数法に基づきながら，かつ加法的に数えていくことで，児童の自然な理解に結びつくことが期待される。

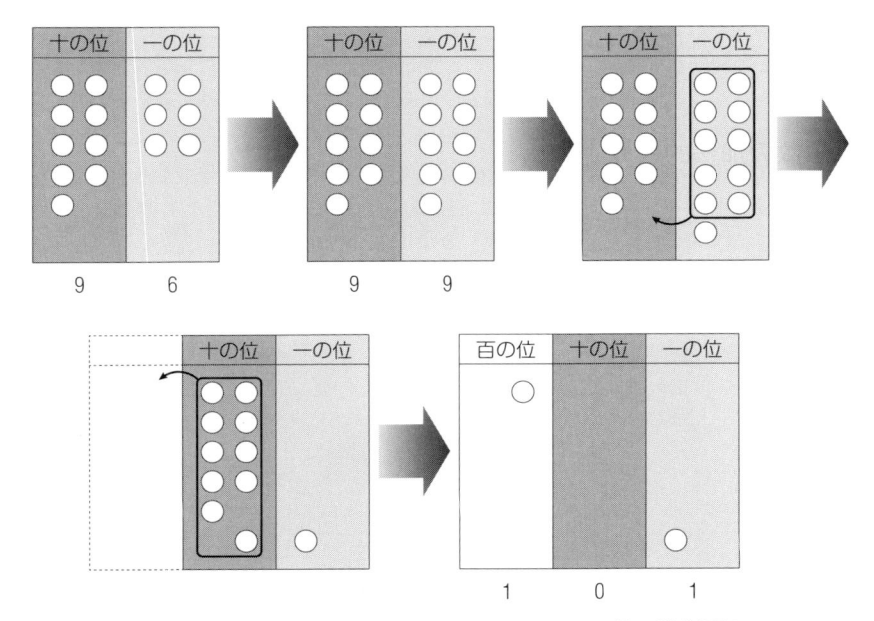

図1-5　十進位取り記数表を用いた100をこえる数の構成過程

9

　なお，こうした十進位取り記数表を用いた操作を容易にするために，最近ではタブレット型 PC のアプリ（図1−6参照）が開発されており，これを用いた研究も進められている（cf. Behrens, 2015）。整数の十進位取り記数法の学習や小数の学習では，こうしたテクノロジーの活用も有効であると考えられる。

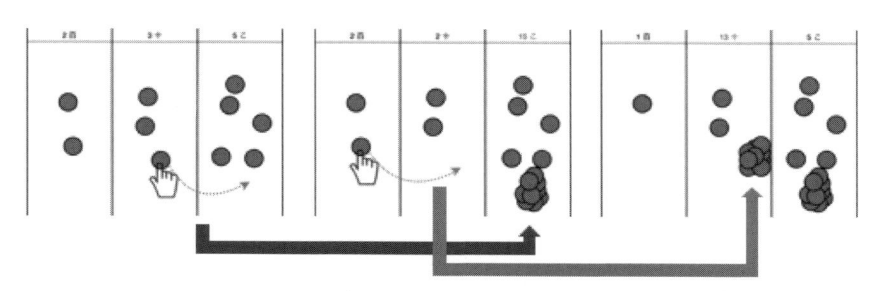

図1−6　タブレット型 PC アプリの画面の操作

第1講　参考文献

Behrens, D.（2015）"How a digital place value chart could foster substantial understanding of the decimal place value system", *Proceedings of the Ninth Congress of the European Society for Research in Mathematics Education*: 2467-2472.

溝口達也・松本寿子（2008）「小学校第2学年の図的代数における一般化を志向した授業の設計―大学と附属小学校の連携による協同的授業設計とその実践―」『鳥取大学地域学部紀要 地域学論集』5（2）: 129-139.

Ross, S. H.（1989）"Parts, wholes, and place value: A developmental view", *Arithmetic Teacher*, 36（6）: 47-51.

（溝口達也・杉能道明）

- かけ算の表現
- 同数累加の意味でのかけ算
- アレイ図の意味するかけ算
- （整数）×（小数・分数）
- わり算の意味
- わり算のきまりと結合法則
- あまりのあるわり算
- わり算の負の数への拡張と九去法，合同式

「皿が全部で4まいあります。1まいの皿にりんごが3個ずつのっています。全部でりんごはいくつあるでしょう。かけ算の式を用いて答えなさい。」

このかけ算の問題に対して，次のように児童が解答した。

　　皿が4まいあり，それぞれに3個ずつリンゴがのっているから

　　4×3＝12
　　答え：りんごは全部で12個ある

図2-1　かけ算の問題に対する解答例

1．かけ算の表現

　このように問題文に出てくる数値の順にかけ算の式をつくる児童が少なくない。また，日本の小学校教師は，この児童の解答を正しくないと通常判断するようである。なぜなら（1つ分）の数が決まっていて，その（いくつ分）にあたる大きさを求める場合に，かけ算として（1つ分）×（いくつ分）を用いることが，かけ算の意味であるとされているからである。それゆえ，このように解答した児童は，かけ算の意味がわかっていないと判断される。$4×3=12$ は，$4+4+4=12$ の簡潔な表現であるから，図で表された状況と合致していない。ところが，ヨーロッパやアメリカといった英語圏の西洋諸国では，$4×3=12$ が正解となり，$3×4=12$ では間違いとされると，かつてインターネット上で論争になったことがある。$4×3$ は日本であれば「1つの皿にりんごが4個入っており，その皿が3つある」ことを意味し，ヨーロッパやアメリカでは，「4 groups of 3」であることを意味するからである。どちらもかけ算の意味理解を大事にしたいという教師の思いの表れであるが，日本で学んだ冒頭の児童がアメリカへ行けば，正解になるという不可解な事態が生じる。かけ算やわり算の指導が，計算の習熟に過度に力点が置かれたり，言葉の式に数をあてはめることにとどまったりする指導になってはいないだろうか。そこで，かけ算とわり算の意味指導について考えてみよう。

2．同数累加の意味でのかけ算

　日本では，かけ算は小学校第2学年において同数累加として意味づけられる。$3×4=12$ は，$3+3+3+3=12$ の簡略化した表現であるという考え方を「同数累加」という。4つ分ではそれほどでもないが，8つ分などを求めるとき，$3+3+3+3+3+3+3+3$ として同じ数を何回も書くのは大変であるから，新しい記号「×」を導入し，$3×8=$ と表して全体の量を求めるという意味を理解させる。同数累加の意味に基づけば，このかけ算の式において，被乗数3と乗数8にはそれぞれ異なる意味づけがなされることになる。小学校算数科では，具体的な場面での意味をひろげていく中で，かけ算の具体的な意味が拡張されていくからである。また，「式」を指導するにあたって，単に計算の結果だけ

ではなく，状況を表現する優れた数学的な表現である式のよさを，低学年から伝えたいからという意図もある。

　したがって，図 2 - 1 の解答に対する評価は，数量に対して，かけ算の式を考える場面では，被乗数と乗数の意味を理解しているかを評価することが求められるが，結果を求める式や，その数がどんな数を表すかをみる場面では，3 × 4 でも 4 × 3 でも同じ結果を表しているから，よいことになる。

　さて，このような同数累加の考え方は，ペアノの公理（第 1 講参照）に基づくかけ算の定義でもある。かけ算を考える際には，加法がすでに定められていることが前提となる。たし算の場合と同じでかけ算を定義するということは，ある数 a, b に対して，どのような数 c を対応させるのかを決めるということを指している。

　次に (1) $a \times 1 = 1 \times a = a$，(2) $a \times b' = a \times b + a$ を定義しよう。(1) の意味は，$a \times 1$ と $1 \times a$ は同じで，それらには a が対応するということ，(2) は $a \times$（b の後者）は $(a \times b) + a$ とすることである。これらに基づき，先ほどの例と同様に，3 × 2 を考える。まず，定義に従い「1，2，3，4，5，6，…」の系列で考える。この系列で 2 は 1 の後者となる。3 × 2 は 3 ×（1 の後者）で，3 × 2 = 3 × 1 + 3 となる。3 × 1 は 3 となることが (1) からわかるので 3 + 3 となり，答えは 6 となる。これらを以下に式で示そう。

$$
\begin{aligned}
&3 \times 2 \\
={}&3 \times 1' \quad （自然数の系列）\\
={}&3 \times 1 + 3 \quad ((2)を用いる)\\
={}&3 + 3 \quad ((1)を用いる)\\
={}&6
\end{aligned}
$$

　このようにして 3 × 2 には 6 を対応させることに決める。2 つの数の組に対して 1 つの数を対応させていったものが，ペアノの公理におけるかけ算の定義であり，定義に従ったものが，同数累加によるかけ算の意味であることは式を見れば明らかである。

> **問 4×3をペアノの公理に従って計算しなさい。**

3．アレイ図の意味するかけ算

　同数累加で意味づけられたかけ算の式は，具体的な操作活動を通して「基準量のいくつ分」で意味指導され，高学年にかけてその意味を「倍」の考え方へ深めていくことになる。すべての段の学習が終われば，九九表としてまとめる。九九表を丸暗記させる指導では算数嫌いをつくることになりかねない。そこで，九九表をつくりあげていく過程を大事にする指導として，アレイ図が用いられる。アレイ（array）は「整列」を意味している。例えば6×4の例を，かけ算九九とアレイ図を関連付けると図2-2のようになる。双方の図を比べると，後述するように集合の直積を用いて●の数がいくつかを求める方法と同じであることに気づく。

		かける数			
		1	2	3	4
かけられる数	1	1	2	3	4
	2	2	4	6	8
	3	3	6	9	12
	4	4	8	12	16
	5	5	10	15	20
	6	6	12	18	24

図2-2　かけ算九九とアレイ図の関連

　アレイ図を用いることで，縦1列にある●6個を基準として，その4つ分という見方，つまり「基準分のいくつ分」という事象を捉えやすくなるばかりでなく，基準量である6を他の見方で捉えたり，基準量を3と捉えたりしながら，かけ算の場面が「基準のいくつ分」という事象だけでなく，「積」になる事象へと見方を変えていくことにつながる。

　そして，アレイ図を用いることで数を様々な乗法的構成として捉えることも

可能になる。例えば，図2-3に示すように6×4＝2×4＋4×4＝3×4＋3×4などと様々な式で表現することができ，かけ算を捉える見方が豊かになり，それらがすべて等しいことが視覚的にも容易に理解できるよさがある。

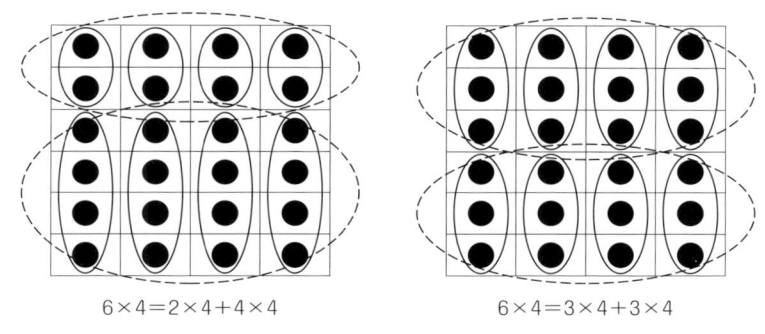

6×4＝2×4＋4×4　　　　6×4＝3×4＋3×4

図2-3　6×4のアレイ図

　ところで，このアレイ図によるかけ算の見方は，同数累加とは異なる集合に基づくかけ算の定義である。つまり，アレイ図は，集合の直積で自然数のかけ算を定義したものを視覚的に具体化したものだといえる。

　例えば，3×4の場合，まず，要素が3つある集合（集合Aとする）と要素が4つある集合（集合Bとする）を考える。図に示すと図2-4のようになり，各集合の要素を文字で表すと，それぞれ A＝{a_1, a_2, a_3}，B＝{b_1, b_2, b_3, b_4} となる。

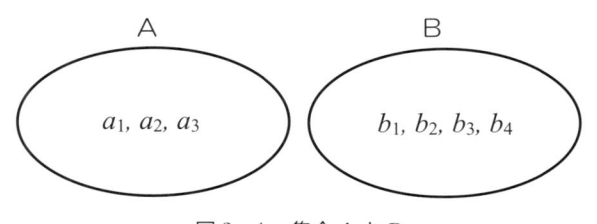

図2-4　集合AとB

　集合Aの要素1つと集合Bの要素の1つでペア（a_i, b_j）の集合を作った際，そのペア全体の集合のことを集合の直積という。集合の直積 A×B の要素の数 n(A×B) を求めることとかけ算は同じ意味になる。ここで3×4を考えるこ

とは集合AとBの直積を考えることと同義で，要素同士のペアを考えるとA×B＝{(a_1, b_1)，(a_1, b_2)，(a_1, b_3)，(a_1, b_4)，(a_2, b_1)，(a_2, b_2)，(a_2, b_3)，(a_2, b_4)，(a_3, b_1)，(a_3, b_2)，(a_3, b_3)，(a_3, b_4)}となる。$3 \times 4 = n(A \times B) = 12$より，答えは12となる。このように集合で考えると，たし算とは関係がなく，かけ算が定義される。

さらにこれを一般化して考えてみよう。かけ算$m \times n$（m，n：任意の自然数）を上記と同じように考えると，集合A＝{a_1，a_2，a_3，…，a_m，}，B＝{b_1，b_2，b_3，…，b_n}とすれば，直積A×Bがかけ算の定義だから，それを求めるための直積は図2-5に示すようになる。また，合わせてこのかけ算のアレイ図を考えると，1列あたり●がm個の列がn列できる。よって，●の総数は$m \times n$となり，直積の個数$m \times n$個＝mn個と一致する。これらの考え方が，かけ算の背景にある数学的な見方である。アレイ図そのものは直積でも同数累加でも二つのかけ算の見方ができる有効なツールであり，同数累加とは異なる直積の見方としてかけ算が定義できるよさを含んでいる。

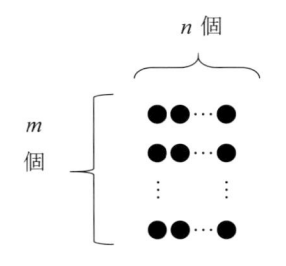

	b_1	b_2	…	b_n
a_1	(a_1, b_1)	(a_1, b_2)	…	(a_1, b_n)
a_2	(a_2, b_1)	(a_2, b_2)	…	(a_2, b_n)
⋮	⋮	⋮	⋮	⋮
a_m	(a_m, b_1)	(a_m, b_3)	…	(a_m, b_n)

図2-5　集合AとBの直積とアレイ図との関連

4．（整数）×（小数・分数）

次のような問題を考えてみよう。

> 問　1mが85円のリボンがあります。2.4mでは何円になるでしょう。
> [5年生]

児童は小学校4年生までの学習経験から，この問題について同数累加の考えでかけ算になることについて無自覚に，かけ算の式をつくる。また，整数の場

合に成り立った（1 m 分の値段）×（長さ）＝（合計の値段）という言葉の式に，数値を当てはめて，小数や分数を扱うことをよしとする指導もみられる。小学校算数の範囲では，小数，分数においても四則演算が定義できるので，結果としては問題にならない。8.5×2.4 のような小数倍や分数倍のかけ算についても数学的には同数累加で説明ができる。なぜなら，有理数全体の集合の濃度は整数全体の集合の濃度 $\aleph_0$（アレフ・ゼロ）と等しいからである。しかし，小学校段階ではこのことを児童に説明することは当然できず，小数倍や分数倍の計算は，同数累加とは異なる意味の計算となる。異なる意味の計算を同じ記号を用いて表現するには，整数のかけ算と小数や分数のかけ算を比較し，同じ意味に統一して考えることができる，すなわちかけ算の意味を拡張することが必要なのである。そのためには，整数のかけ算では成り立った同数累加によるかけ算の意味が小数倍や分数倍では成り立たないことを児童に自覚させることが大切であり，整数倍や分数倍のかけ算の意味に既存の意味（同数累加）を統合させていく活動が求められる。

　そこで，図 2 - 6 のように 2 本の数直線（比例数直線）を用いて，整数倍と比較しながら，割合の意味づけへの拡張を行う。（比例数直線については，第 3 講「演算決定のためのモデル」を参照。また，意味の拡張については，第12講「一般化と拡張」を参照。）

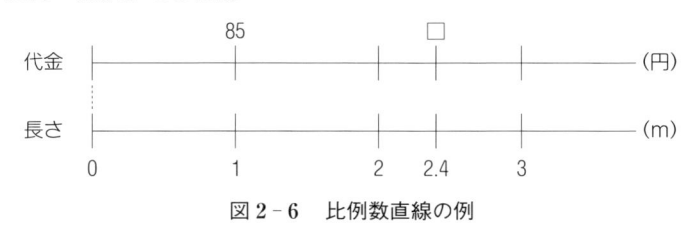

図 2 - 6　比例数直線の例

5．わり算の意味

　わり算は，数学的にはかけ算の逆演算として定義される。しかし，学習指導の導入にあたっては，わり算はかけ算とは関係がない独立した意味をもっているため，かけ算とは切り離した独自の演算として指導することとなる。わり算が用いられる場合として，等分除と包含除がある。

　具体的に 12÷4＝3 を用いて説明しよう。等分除とは「12個のものを 4 つ（人）に等しく分ける」というもので，ある数をいくつかに等分して，1 つ（人）分の数量を求める場合を指している。包含除とは「12個のものを全員に 4 つずつわける」というように，ある数をいくつかずつ同じように分け，いくつ分かを求める場合である。このように，等分除と包含除は同じわり算の記号「÷」で表すが，意味が異なる。図 2-7 のように式では被乗数がわからない場合が等分除で，乗数がわからない場合が包含除であることがわかる。同様にこれら 2 つの違いは比例数直線を用いて図示することができる。

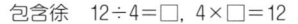

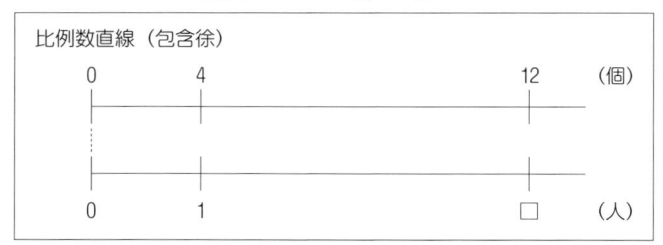

図 2-7　式や比例数直線における等分除と包含除の違い

　わり算の導入にあたって，等分除と包含除はどちらが先か歴史的に様々な議論がされてきた。包含除では同数累減という操作で処理できるためかけ算の意味と関連づけやすい。また除数を先唱して九九を唱えて商を求めればよいから，計算方法を理解させるには包含除が適切である。例えば，「12個のアメを 1 人に 4 個ずつ配ると何人に配ることができるか」という包含除のわり算では，4 個×□＝12個という式で，□にあてはまる数を「しさん　じゅうに」と既習の

かけ算九九を唱えることで計算することができる。しかしながらこれでは，そもそも演算としてのわり算の必要性が感じられない。一方で日常の生活経験の中では，包含除よりも等分除の場面が多い。また，等分除では，「（等しく）分ける」ということからも明快な用語でかつ児童も理解しやすいことから，多くの教科書では等分除が包含除に先行している。このように，包含除と等分除にはそれぞれ長短がある。指導に際しては，等分除と包含除の 2 つの意味を比較させながら，異なる意味をもつ分け方が，わり算として同じ式で表されることを理解させることが重要となる。この 2 つの異なる意味を 1 つの式で表現するということは形式化や統合の考えにも関わる。

6. わり算のきまりと結合法則

小学校では数年かけて四則演算を学ぶ。計算の意味や方法を学ぶなかで，交換法則 $a+b=b+a$，$ab=ba$ や分配法則 $a(b+c)=ab+ac$，$(b+c)a=ab+ac$，結合法則 $(a+b)+c=a+(b+c)$，$(ab)c=a(bc)$ といった計算の決まりも学ぶ。

4 年次では「除数，被除数に同じ数をかけても，同じ数で割っても商は変わらない」という「わり算のきまり」が新たに加わり，$a÷b=(a×c)÷(b×c)$，$a÷b=(a÷c)÷(b÷c)$ を学習する。

結合法則について，説明を加えよう。ある集合 S に何らかの演算（計算）「・」が定義されるとき，$a・(b・c)=(a・b)・c$ が S の任意の元 a，b，c について成り立てば，この演算は結合法則を満たす。例を挙げると $(5+3)+2=5+(3+2)=10$，$(5×3)×2=5×(3×2)=30$ となり，計算の順序にかかわらず，たし算とかけ算の答えはそれぞれ同じになる。一方で，ひき算では $(10-3)-2=7-2=5$，$10-(3-2)=10-1=9$ となり，$(10-3)-2≠10-(3-2)$ となる。わり算でも $(40÷5)÷2=8÷2=4$，$40÷(5÷2)=40÷\dfrac{5}{2}=40×\dfrac{2}{5}=16$ となり，$(40÷5)÷2≠40÷(5÷2)$ となる。つまり，ひき算やわり算では結合法則は成り立たない。

では，「わり算のきまり」とは，既習の計算のきまりと全く別のきまりなの

だろうか。以下の $1.2 \div 0.3$, $1200 \div 300$ の式変形を例に考えてみよう。

$$1.2 \div 0.3 = \square$$
$$\Leftrightarrow \quad \square \times 0.3 = 1.2$$
$$\Leftrightarrow \quad (\square \times 0.3) \times 10 = \square \times (0.3 \times 10) = 1.2 \times 10$$
$$\Leftrightarrow \quad \square = (1.2 \times 10) \div (0.3 \times 10)$$
$$\Leftrightarrow \quad \square = 12 \div 3 = 4$$

$$1200 \div 300 = \square$$
$$\Leftrightarrow \quad \square \times 300 = 1200$$
$$\Leftrightarrow \quad (\square \times 300) \div 100 = \square \times (300 \div 100) = 1200 \div 100$$
$$\left(\div 100 \text{ を } \times \frac{1}{100} \text{ とみれば, かけ算の結合法則が成り立つ} \right)$$
$$\Leftrightarrow \quad \square = (1200 \div 100) \div (300 \div 100)$$
$$\Leftrightarrow \quad \square = 12 \div 3 = 4$$

　すなわち,「わり算のきまり」は既習の結合法則と本質的に同じものとみることができる。すくなくとも教師は,これらの計算のきまりを統合的に見ることができるようにしたい。

7．あまりのあるわり算

　等分除,包含除という視点であまりのあるわり算を考えると,異なる様相が見えてくる。例えば,等分除「14個のものを 4 人に分ける」について考えよう。まず,14個のものを 4 人に分けると, 1 人に 3 個ずつ分けられる。 2 個あまりが出るが, 4 人に分ける場合,このあまりをさらに 4 人に均等に分けるというように考えられ,ケーキなどの分けられる具体物であれば,割り進めることができるからである。次に,包含除の場合の「14個のものを 4 個ずつわける」を考えよう。 4 個ずつわけた場合, 3 つに分けられることがわかる。 4 個ずつ分けるのだから,あまり 2 個をこれ以上分けることはできず,ここであまりが 2

となる。このことから，あまりの意味について指導をするには包含除の文脈が適しているといえる（第 3 講参照）。

> 問　「13÷4＝3 あまり 1，16÷5＝3 あまり 1 になります。どちらも 3 あまり 1 だから，13÷4＝16÷5 ですか？」と児童から質問があったとき，どのように応えますか？

8．わり算の負の数への拡張と九去法，合同式

　小学校においては，0 と自然数の範囲までしか扱わないが，負の整数まで数を拡張した場合について考えてみよう。-12 を 5 でわることを考えると，式の表現が以下のように多様になることがわかる。

$$(-12) \div 5 = \quad 2 \text{ あまり } -22$$
$$(-12) \div 5 = \quad 1 \text{ あまり } -17$$
$$(-12) \div 5 = \quad 0 \text{ あまり } -12$$
$$(-12) \div 5 = \quad -1 \text{ あまり } -7$$
$$(-12) \div 5 = \quad -2 \text{ あまり } -2$$
$$(-12) \div 5 = \quad -3 \text{ あまり } \quad 3$$
$$(-12) \div 5 = \quad -4 \text{ あまり } \quad 8$$
$$(-12) \div 5 = \quad -5 \text{ あまり } \quad 13$$

　どれが正解だろうか。わり算の定理（$a \div b = q$ あまり r，$0 \leq r < |b|$）に従えば，あまりは除数の絶対値より小さくて正でなくてはならないから，正解は -3 あまり 3 と一意に定まる。同様に，$12 \div (-5)$ の場合について考えてみると，-2 あまり 2 とただ一組，商とあまりがきまる。

　本講の最後に九去法を紹介したい。九去法とは整数の四則計算を行う際の検算の一種で，歴史的には古くから使われてきたが，学習指導要領では扱われていない。九去法はわり算だけでなく，たし算，ひき算，かけ算も含めた，特に桁が大きい数の計算の検算にも使うことができる。わり算ではあまりの数を確

認するために使うと便利である。例えば，49を9で割ると，$49 \div 9 = 5$ あまり4となり，$49 = 9 \times 5 + 4$ と表せる。あるいは，もし商5が見つからなかった場合，$49 = 9 \times 4 + 13$ となり，$13 = 9 \times 1 + 4$ となる。この2つの式を合わせて考えると $49 = 9 \times 4 + 9 \times 1 + 4$ となり，あまりは4であるということがわかる。また，このあまりは13という数の各桁の数1と3を足した数と等しくなる。わり算の正確なあまりを求めるには，各桁の数の総和を求めることを1桁の数になるまで繰り返すことで計算ができる，というのが九去法のよさである。

　九去法は合同式を利用した計算方法である。整数 a, b に対して $a - b$ が自然数 n の倍数であるとき「a, b は n を法として合同である」（n は2以上の整数）といい，この関係を合同関係という。合同関係は整数全体の集合 Z における同値関係である。合同式は数学的に $a \equiv b \pmod{c}$ と表される。例えば，$7 \div 3 = 2$ あまり1，$13 \div 3 = 4$ あまり1の場合，$7 \equiv 13 \pmod 3$ となり，$43 \div 8 = 5$ あまり3と $51 \div 8 = 6$ あまり3を考えるとき，$43 \equiv 51 \pmod 8$ となる。すなわち，何かの数で割ったときにあまりが同じになる数がこれに当てはまる。数学的にいえば a に対して $0 \leq m < n$ となる m で $a \equiv m \pmod n$ となるものは，a を n で割った剰余であり，Z を合同関係で類別する同値類は，剰余と同じだとみなせるということである。上の九去法の例では $49 \equiv 13 \pmod 9$ となる。合同式は剰余に注目して計算する九去法のような場合に有用である。例えば，987654321という大きな数が何の数で割り切れるのかどうかを調べてみる。

$$987654321 = 9 \times 10^8 + 8 \times 10^7 + 7 \times 10^6 + 6 \times 10^5 + 5 \times 10^4 + 4 \times 10^3$$
$$+ 3 \times 10^2 + 2 \times 10^1 + 1$$
$$\equiv 9 \times 1 + 8 \times 1 + 7 \times 1 + 6 \times 1 + 5 \times 1 + 4 \times 1 + 3 \times 1 + 2 \times 1 + 1$$
$$(\because \quad 10^n \equiv 1 \pmod 9, \ n \text{ は自然数})$$
$$\equiv 9 + (8 + 1) + (7 + 2) + (6 + 3) + (5 + 4)$$
$$\equiv 9 + 9 + 9 + 9 + 9$$
$$\equiv 0 + 0 + 0 + 0 + 0$$
$$\equiv 0 \pmod 9$$

　ここから987654321は 9 の倍数であり， 9 の倍数で割り切れる数であること
がわかる（この考え方を使えば，数字を入れ替えた数であっても同じ性質をも
つこともわかるだろう）。

> ＊同値関係とは空でない集合上の二項関係〜が，以下の反射律・対称律・推移律を
> みたすことを指している。
>
> ⑴ $\forall x \in X$ に対して $x \sim x.$ （反射律）
>
> ⑵ $\forall x, \ y \in X$ に対して $x \sim y \Rightarrow y \sim x.$ （対称律）
>
> ⑶ $\forall x, \ y, \ z \in X$ に対して $x \sim y$ かつ $y \sim z \Rightarrow x \sim z$ （推移律）
>
> ＊＊空でない集合 X 上に同値関係〜が与えられているとき，$a \in X$ に対して，
> $C(a) := \{x \in X | x \sim a\}$ を a の同値類と呼ぶ。また，a を $C(a)$ の代表元という。

　このように小学校で指導されるかけ算やわり算も視点を変えると数学的な内
容が関わることがわかる。これらのことを児童に教えないまでも，教える側が
知識や教養として知っておくと指導に幅や深まりが出てくるだろう。

第 2 講　参考文献

一松信ほか48名（2018）『みんなと学ぶ小学校算数 3 年上』学校図書.

伊藤説朗（1993）『数学教育における構成的方法（下）』明治図書出版.

清水静海ほか50名（2010）『わくわく算数 2 下』啓林館.

新算数研究会（2011）『リーディングス新しい算数研究—整数の計算—』東洋館出版.

杉山吉茂（2009）『中等科数学科教育学序説　杉山吉茂教授講義筆記』東洋館出版.

杉山吉茂（2011）『初等科数学科教育学序説　杉山吉茂教授講義筆記』東洋館出版.

中島健三（1981）『算数・数学と数学的な考え方—その進展のための考察—』金子書
　　房.

（神原一之・中和　渚）

- モデルとしての図を用いた演算決定
- 加減の演算決定のためのモデル
- 乗法の演算決定のためのモデル
- モデルの一貫した使用
- 除法の演算決定のためのモデル
- 演算決定に使われるその他のモデル

「1dL で $\frac{4}{5}$ m^2 の板を塗れるペンキがあります。$\frac{2}{3}$ dL 使うと何 m^2 塗れますか?」

この場面で，下のような図を用いて分数のかけ算の意味や方法を考え，演算を決定する指導が行われた。この図を用いることに，問題は無いだろうか?

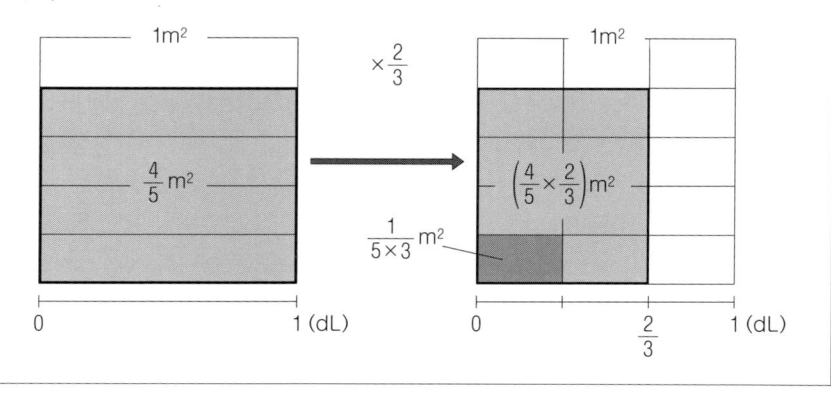

図 3-1　面積図を利用した計算

1．モデルとしての図を用いた演算決定

　従来言われているように，我が国の子どもたちはいわゆる計算問題であれば相当複雑なものでも解けるが，ある問題場面を把握し，どの計算を，どのように実行すればよいか，という演算決定を苦手とする傾向がある。このようなとき，教師が用意する有効な手立ての一つに図を用意することが挙げられ，小学校の教科書などでは豊富な図が掲載されている。「考えてごらん」と教師が促すだけでは，その問題がわからない子どもにとっては何をどう考えてよいか，手がかりが無いが，「図を使って考えてごらん」と促せば，図がそれらの手がかりとなるのである。しかし，図であればなんでもよいというわけではない。様々な場面に対して，どのような図を，どのように用いるのが，子どもの認識を高めるために有効なのであろうか？

　このような目的のために，我々は通常モデルと呼ばれるものを用いる。何故ならば，よくわからないもの（原型）を，それよりもわかりよいもの（モデル）に変換・翻訳し，そのモデルをとおして，原型を解決したり，理解したりするためである。このようにみれば，図はよくわからない場面や式を変換・翻訳したモデルである。子どもたちは，他にも例えばおはじき，絵，ことばの式など様々なモデルを用いて問題解決を行う。それらのモデルの大きな違いは，抽象性とそれにともなう操作性の違いである。一般に，問題解決プロセスにおいては，具体と抽象とを往還し，それにともないモデルの抽象性・操作性も適したものを用いることとなる（平林，1987：364-366）。

　以上のような点を踏まえ，かつ上述したような目的のために図を使うとき，少なくとも次の2つの条件を満たす必要があることが指摘される。

　　（i）　書かれた図や，図を書くプロセス自体が，演算を示唆する

　　（ii）　図で行った操作や解釈等と，問題場面の操作や解釈等に対して，相互に対応付けることが可能である

条件(i)はかなり自明である。もし図を書くことで演算が示唆されないのであれば，演算決定のために図を書く必要はない。条件(ii)を満たさない場合，問題場面から見つけ出した条件等が図に反映できなかったり，図から得られた情報や，示唆された演算が問題場面に合致しなかったりすることが問題である。したが

って，少なくともこの2つの条件が要請されるのである。一般に，ある図が問題場面に対して条件(ii)を満たすとき，その図は**問題場面のモデルである**という。では，教科書等で見られる図は，条件(i)と(ii)を満たしているのだろうか。また，それらをどのように使っていくのがよいのだろうか。

2．加減の演算決定のためのモデル

　条件(i)と(ii)を満たす代表的なモデルとして，足し算や引き算について用いられるテープ図と線分図が挙げられる。どちらも本質的には同じ図であり，条件(i)と(ii)を満たしている。両者の違いはその抽象度であり，テープ図はその名前が示す通り，子どもたちの身の回りにあるテープなどの具体物により近い図であり，子どもの発達段階に応じた使い分けが意図されている。

　しかしながら，次のような場面を考えてみよう。

> **問　赤いおさらが11まい，青いおさらが7まいあります。おさらはぜんぶで，なんまいあるでしょう。**

このような場面に対して，教科書などでは通常下の図のようなテープ図になっていることが多い。しかし，その右隣の，同じく教科書などで通常用いられている線分図で同じ場面を表した場合と見比べてみよう。

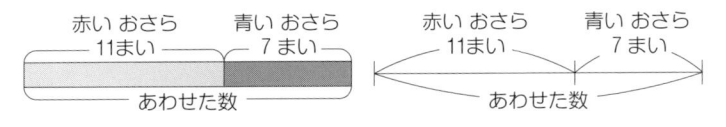

図3-2　テープ図・線分図による表現

このような図を書くことで演算が決定されるので，基本的には問題無い。しかしこれらの図には，ただ単に線分が細いか，太いかの違いしか認められない。この程度の違いであるならば，どちらか一方の図のみを用いれば十分であろう。また，このようなテープ図に馴染んだ子どもには，わざわざ線分図を導入する利点が見あたらない。精々，書く手間が省けるといった程度である。

　しかし，テープ図とは，本来は前述したように子どもたちの身の回りにあるテープなどの具体物に近いことが意図された図であり，その利点を活かしたい。

そこで，上記のテープ図を改め，次のような図を考えてみよう。

赤い おさら 11まい	青い おさら 7まい
あわせた数	

図3-3　改めたテープ図

　当初のテープ図では，一つのテープに対して，特定の部分に対して「赤いおさら11枚」などの**メタ表記**を用いることで個々の数量を表していた。また，等号が成り立つ関係もメタ表記によって表されている。それに対して，改められたテープ図では，一つの数量を一つのテープが表すものとなっている。これによって，足す・引くといった演算はテープをつなげることや，切り離すといった操作と対応付けられ，等号が成立することを同じ長さで表すようになっている。このように，一つの数量と一つのテープを対応付け，同時に子どもの具体的・物理的な操作と演算が対応するようになることで，テープ図は線分図よりも具体的な図として特徴付けられる。

　メタ表記を用いて個々の数量や演算を表すことは，もちろん重要である。しかし，学齢の低い子どもたちには，具体的な事物に基づいた方が理解もし易いし，また後々の数量や計算に対する感覚が養われることに留意したい。このため，メタ表記を用いないテープ図と，メタ表記を用いる線分図という性格付けを行うことで，子どもの発達段階に応じた図の使い分けが可能になる。

　では，実際に子どもが図を用いてどのように演算を決定していくのか，次のような問題場面を考えてみよう。

　問　子どもがあそんでいました。そのうち，13人が帰ったので，18人になりました。はじめは何人いましたか？

　まず，子どもは「はじめの人数」を適当な長さのテープで表す。次に，「帰った13人」をやはり適当な長さのテープで表すが，明らかに「はじめの人数」よりも少ないので，「はじめの人数」よりも短いテープで表される。すると，「はじめの人数」と「帰った13人」の差が空くことになり，何が当てはまるかを考察する必要がうまれる。問題場面より，「のこった18人」を入れると，図から「はじめの人数」は13＋18という計算で求められることが示される。

　もちろん，子どもによっては「のこった18人」や「帰った13人」のテープから考えることもあるだろう。いずれにせよ，一つ一つの数量をテープで表し，図の中に配置していくことで問題を解決していくことが期待されるのである（図3-4）。

図3-4　テープ図による演算決定

　ところで，このような問題は，しばしば逆思考の問題といわれることもある。問題の文章では13人減った（帰った）にもかかわらず，「18＋13」と，逆の意味の計算を実施する必要があるためである。反対に，文章で表されていることと同じ計算を実施する必要がある問題は順思考の問題といわれる。しかし，上記のテープ図と，図を用いた解決にこのことはほとんど影響を与えていない。なぜならば，順思考であろうと逆思考であろうと，数学的には同じ構造をもつ問題場面であるため，そのモデルは同等の図になるからである（赤いおさらと青いおさらの問題と比較せよ）。モデルを用いて演算決定をすることのよさの一つは，表面的には差異があっても数学的な構造が同じである場面が，同じ図で表されるため，考えやすくなることである。

3．乗法の演算決定のためのモデル

　次に乗法の演算決定のためのモデルを検証してみよう。本講冒頭で取り上げた図3-1（面積図）を用いた指導が見られるが，面積図は条件(i)と(ii)を満たしているだろうか？

　まず $\frac{1}{3}$ dL のペンキで塗れる面積を $\frac{4}{5} \div 3$ で求め，その2倍であることを利用して，$\left(\frac{4}{5} \div 3\right) \times 2$ で答えを導く。このとき，板全体を3等分することで板は15等分されるので，一つ一つは $\frac{1}{15}$ m² であり，塗れる範囲内にはその板が 4×2 で8枚あることから，$\frac{1}{15} \times 8 = \frac{8}{15}$ と答えが導かれる。一見すると分数のかけ算をよく表していて問題が無いように思われ，数学的にも誤りは無い。

実際，多くの教科書では同様の図が掲載されている。

　ところで，かけ算は通常，5×3であれば「5を3回足す」という意味をもった演算（**同数累加**という）として導入される。では，分数のかけ算において，$\frac{4}{5} \times \frac{2}{3}$ を同様の意味で捉えられるだろうか？　明らかに，「$\frac{4}{5}$ を $\frac{2}{3}$ 回足す」では演算の意味を成していないことが指摘される。しかしながら，前述したように，面積図から導かれる計算は $\frac{1}{15}$ を8回足すことであり，$\frac{1}{15} \times 8$ という同数累加である。すなわち，分数のかけ算の意味を正しく表していないという点で条件(ii)を満たしておらず，面積図は演算決定の根拠になり得ないのである。

　実は本来，分数のかけ算よりも前に導入される小数のかけ算において，このことが解決されていなければならない。なぜならば，やはり0.4×0.5の意味は「0.4を0.5回足す」ではないからである。では，どのような意味になるのだろうか。

　ここで，2本の数直線（比例数直線）を用いた下の図を使うことで，かけ算の意味が小数にまで拡張される。すなわち，「0.4を1とみなしたとき，0.5に該当する値を求めること」という，比例としてのかけ算の意味である。しかもこのように観たとき，「5×3」は「5を1とみなしたとき，3に該当する値を求めること」として同じく下の図のようにモデル化することができるが，このことは同時に同数累加と同値である（これを乗法の意味の拡張という。詳細は第12講「一般化と拡張」を参照）。

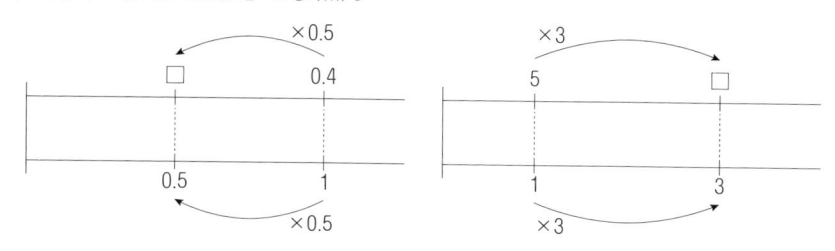

図3-5　数直線による演算の意味（比）

　多くの教科書においては，演算の意味を指導するという意図から，2本の数直線を用いた図も小数のかけ算が導入されるよりも前から一貫して使われてい

る。例えば，2×4＝8という計算を同数
累加の意味で考えたとき，図としては図
3－6のように表すことができる。小数
のかけ算については，ここまでに述べて
きた通りである。

**図3－6　数直線による演算の意味
（同数累加）**

　では，この図を使って分数のかけ算
$\frac{4}{5}×\frac{2}{3}$を指導すると，どうなるのだろ
うか。子どもたちはこれまでに学んでき
たかけ算と同じように考えられるため，
図3－7のような図を描くことが期待さ
れる。これによって分数のかけ算におい
て演算決定が可能となり，それは分数の
かけ算を初めて学ぶときでも例外ではな

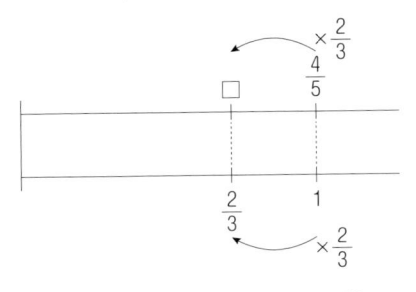

**図3－7　数直線にもとづいた分数の
かけ算**

い（もちろん，計算の方法自体は議論する必要がある。図3－7より，どのよ
うに計算方法を導くかは読者の方で考えていただきたい）。このように，モデ
ルの利用においては，その意味と表現との関係を考慮する必要がある。

4．モデルの一貫した使用

　以上のように，モデルを利用することで，子どもは演算を決定することがで
きる。しかも，前述したように，数学的に同じ構造をもつ場面は同じモデルで
考えられるため，指導に一貫性をもたせることが可能になる。

　このことの利点が顕著に現れる別の場合として，中学校1年生で正負の数の
乗法を学ぶ場面が挙げられる。(−2)×(−3)といった正負の数の乗法がどの
ような値になるかを初めて考えるときも，「−2を1とみなしたとき，−3に該
当する値を求めること」として2本の数直線を書くことで，全く同じ割合の意
味で表すことが可能であり，しかも符号が逆転して答えが＋6になることが図
3－8から自明である。

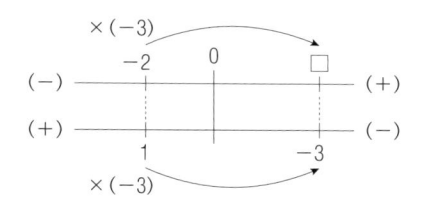

図 3 - 8　数直線にもとづいた負の数の乗法

　第 4 講で詳述するように，数学においては小数や分数という数はなく，分数も小数も有理数の表し方であるにすぎない。したがって，正負の数の乗法（後述するように除法も）は，その計算の仕方は別として，意味において小数や分数の乗法と同じはずである。ところが，面積図は明らかに正負の数のかけ算のモデルにはならない。すると，本来一貫した内容や方法で指導できる内容であるにもかかわらず，「分数のかけ算は面積図，負の数（や小数）のかけ算は別の図」となってしまう。これは数学的な正しさを損ね，子どもに無用の混乱を招く。

　対称的に，乗除の演算決定のためのモデルとして機能する，2 本の数直線という図は，自然数・整数・小数・分数のかけ算のみならず，割合や比例（そして後述する除法）など，数学的に同じ意味であるものは，すべて一つの図で一貫して考えることができるのである。

　一貫した図を子どもが考えるための道具として提供することで，子どもがどんな計算をすればよいかがわからない場面に直面したとき，「かけ算（やわり算）になりそうな場面なら，2 本の数直線の図をかいてみよう」と指導することが可能になる。また，このような指導をくり返すことで，子どもが自発的に図を書くようになることも期待される。したがって，指導上のみならず，子どもが自ら演算を決定していく教育を実現する上でも，一貫したモデルを利用することは非常に有意義である。この実現のため，学年の低い内から演算決定のためのモデルを導入し，学年をまたいで継続的かつ一貫して利用していく必要がある。教師は，このようなカリキュラム全体における数学的なつながり・展開と，それぞれの学習場面における子どもの思考プロセスという両方を理解・把握・考慮し，適切な一貫したモデルをそれぞれの学習場面でどのように利用するかを考える必要があろう。

5．除法の演算決定のためのモデル

　次に，わり算の場合について考えてみよう。結論からいえば，わり算はかけ算の逆演算であるから，かけ算と同様に，2本の数直線を用いて一貫した指導が可能である。ただし，整数のかけ算の意味が一貫して同数累加であったのに対して，整数のわり算の意味が二種類あることには留意が必要であろう。

　ここで二種類の意味とは，一般に等分除と包含除と呼ばれている（第2講参照）。例えば「8÷2＝4」であれば，「8を2等分すると，その1つ分は4である」という考え方が等分除である。このことを図で表すと，下左図のようになり，□にあたる4が答えである。一方，「8から2を引くと，4回引くことができる」という考え方が包含除である。これらを2本の数直線を用いた図で表すと，図3-9右図のようになり，やはり□にあたる4が答えである。

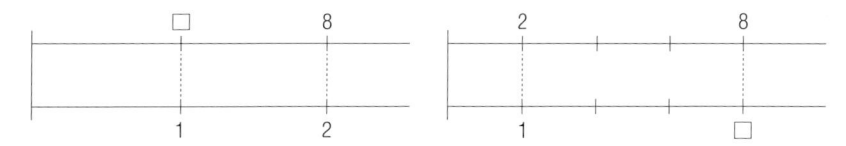

図 3 - 9　等分除と包含除のモデル

　わり算の導入に際しては演算の意味を確かめながら指導し，2つの意味について明確に学ぶことが望ましい。しかし，あまりのあるわり算を学ぶときはどうであろうか。例えば，「17÷3」という計算について，図3-10を用いて等分除（左）と包含除（右）でそれぞれ考えてみよう。

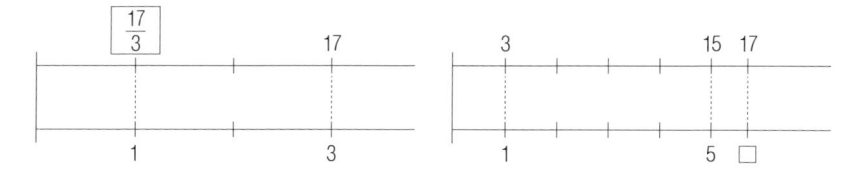

図 3 - 10　あまりのあるわり算に対するモデル

明らかに，等分除の意味で考えるときには「あまり」の考え方が極めて不自然であることが指摘される。もしも「17÷3＝5…2」としたとき，等分除の意味で考えるならば，実際に3等分されているのは15だからである。一方，包含除の意味で考えるとき，「あまり」の考え方が要請されることは，図より明らか

であろう。

　以上のような理由から，等分除の考えは，早い段階で包含除の考えに統合されるべきである。これは，単にあまりのあるわり算を見据えただけの措置ではない。例えば「8個のリンゴを2人に同じように分けると1人分は何個か？」という等分除の問題を考えたとする。この場合，各人に1個ずつリンゴを配ろうとすると，リンゴを4個ずつ配る必要がある。このような見方で，等分除の問題が実質的に包含除の問題へと帰着される。このことで，等分除であろうと包含除であろうと，同じ「8÷2」の計算を用いて表すことができることを，子どもに学ばせることができるのである。

　また，包含除の図を，かけ算の同数累加の図と比較してみよう。図自体は全く同じであり，求める値の場所（すなわち□の位置）だけが異なっていることから，かけ算の逆演算がわり算であることが学ばれる（もちろん，あまりのあるわり算においても同様である）。

　小数，あるいは分数のわり算に対してはどうだろうか。小数のかけ算において，すでにかけ算の意味が同数累加から，比例の意味へと拡張されている。わり算はかけ算の逆演算であるから，2本の数直線の図を用いて，比例の意味を用いて処理をすることが可能である。すなわち，$12 \div 0.8$ は図3-11左を用いて，「12を0.8とみなしたとき，1にあたる値を求めること」と，小数のかけ算と同じ比例関係をもつ。同様に，図3-11右で分数のわり算 $6 \div \dfrac{2}{3}$ の意味付けも可能である。

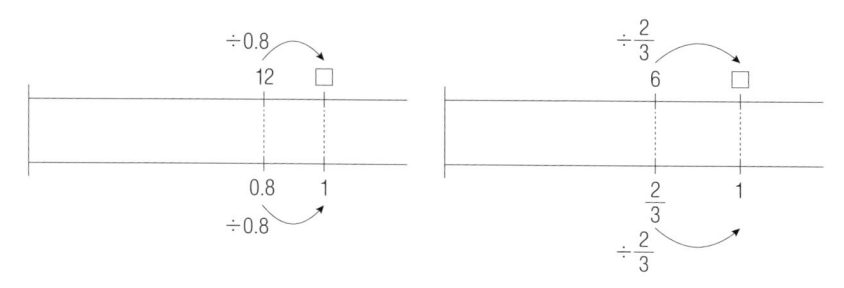

図3-11　モデルとわり算の意味

こうした計算を小数や分数のわり算の導入で用いたとき，意味付けは上記の

図より可能であるが，計算方法は個別に議論しなければならない。$12 \div 0.8$ で考えたとき，その計算結果である15は必ずしも自明ではない。そこで，次のような図で考えることで，$12 \div 0.8$ という計算の答えが，$(12 \times 10) \div (0.8 \times 10)$ と同じ値になることが明らかになる。

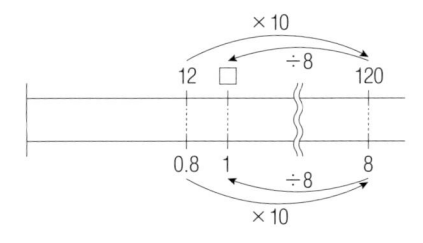

図3 - 12　モデルを利用した計算方法の導出

一方，分数の除法では $\frac{2}{3} \times \frac{3}{2} = 1$ は学習済みであることから，逆数をかければよいことが図から容易に示唆される。

　このように，2本の数直線とわり算の意味を扱うことで，乗法と同様に一貫したモデルでわり算を教えることが可能となる。その結果として，演算の意味を子どもに学ばせると同時に，自ら演算を決定していくことが期待される。

6．演算決定に使われるその他のモデル

　以上に述べたようなものとは別に，演算決定のために使われている，条件(ⅰ)と(ⅱ)を両方満たしていないものとして，教科書などでは「関係図」と「ことばの式」がよく用いられている。この2つについて，小学校5年生の割合などでよく用いられる，次のような場面で考えてみよう。

> 問　みささんの学校の5年生は125人います。そのうち，75人が男の子です。男の子の人数は，5年生全体の人数の何倍でしょう。

この場面を，上述してきた2本の数直線で表すと次の通りになる。

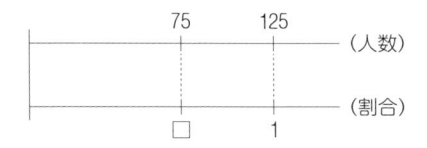

図3‐13　問題に対するモデル

一方，関係図やことばの式で表すと次の通りになる。

図3‐14　問題に対する関係図，ことばの式

これらの図どうしを比較してみよう。すると，関係図，とくに「□倍」を書くことができる子どもは，明らかに数量間の関係がすでに見えていることが指摘されよう。言い換えると，関係図は図の中に「□倍」を示唆する根拠が無いのである。

　では，ことばの式はどうだろうか。この場合，演算を決定しようとする際に，「もとにする量×割合＝くらべる量」という式を手がかりに，もとにする量の125人とくらべる量の75人を当てはめることで，演算を決定しようとしている。この意味で，関係図よりは子どもにとって有用であろう。しかし，やはり同様に「もとにする量が125人」と判断する根拠が図から読み取れない。もしも「もとにする量が75人」と考えたとき，どのようにしてそのことが問題場面に合致していないことに気付くのだろうか。そのように考えた子どもが書いた，次の図を見比べてみよう。

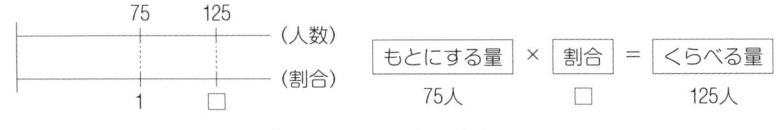

図3‐15　「もとにする量」を決定するための図

どちらも問題場面に合致していないが，2本の数直線の図においては□に当てはまる値が1より大きくなるため，得られるであろう□の値が問題場面に合致しないことが図から示唆される。一方，ことばの式においては，そのような関

係が必ずしも図から明らかではない。

　もう一つの問題点として，言葉を重視し過ぎると，子どもが問題に書かれている言葉そのものを過剰に頼るようになることもあわせて指摘しておきたい。このような子どもたちは，例えば問題文に「……何倍でしょうか」という言葉が入っていると，それだけでわり算の問題だと考えたり，答えが1よりも大きくなると考える様子がしばしば授業において観察される。

　実際の授業場面においては，様々な子どもの思考が存在し，したがって，当該の場面場面において適する様々なモデルが利用され得る。その一方で，それぞれのモデルには，本講で述べてきたように，それぞれメリットとデメリットが存在し得ることには留意すべきであろう。そのような理由から，それぞれのモデルを利用する場合，教師の側で十分な配慮を必要とするのである。

第3講　参考文献

伊藤説朗（1993a）『数学教育における構成的方法に関する研究（上）』明治図書出版.

伊藤説朗（1993b）『数学教育における構成的方法に関する研究（下）』明治図書出版.

伊藤説朗（2008）『算数科の未来型学力＝思考力・表現力を育てる授業』明治図書出版.

中島健三（1981）『算数・数学教育と数学的な考え方　その進展のための考察』金子書房.

平林一榮（1987）『数学教育の活動主義的展開』東洋館出版.

友定章子・姫田恭江・溝口達也（2006）「授業設計における一般化と拡張を志向した算数的活動の構成の様相」『鳥取大学数学教育研究』9（1）：1-10.

ワイスバーグ，M.（松王政浩訳）（2017）『科学とモデル　シミュレーションの哲学入門』名古屋大学出版会（原著版は2012年）.

（阿部好貴・早田　透）

有理数の順序構造

■ 有理数の表現形式としての小数・分数
■ 数とは何か（順序構造と演算可能性）
■ 有理数の順序構造：稠密性
■ 稠密性と連続性

> 分数は，小学校算数の中心的な学習内容の一つである。しかしながら，そもそも「分数」とは何か？ 例えば，$\frac{1}{2}$ や $\frac{37}{10}$ のように，分子と分母という2つの数字の組み合わせであれば何でも分数といえるのか？

1．有理数の表現形式としての小数・分数

次の(1)〜(4)のうち，分数といえるものはどれか。

$$(1)\ \frac{1}{2} \qquad (2)\ \frac{37}{10} \qquad (3)\ \frac{24}{8} \qquad (4)\ \frac{2}{\sqrt{2}}$$

すべて分数だと思った人も少なくないのではないだろうか。(1)の真分数や(2)の仮分数は，典型的な分数である。分数は，0より大きく1より小さい $\frac{1}{2}$ や，3と4の間の数 $\frac{37}{10}$ などの大きさの数を表すために用いられるものである。しかし，だからといって，「分数」とは，そうした「中途半端な大きさの数」のことではない。(3)の $\frac{24}{8}$ は，分数ではあるものの，$\frac{24}{8}=3$ であるから，自然数である。$\frac{1}{2}$ や $\frac{37}{10}$ と比べると，きれいな数であるといえる。

分数の意味を理解するためには，モノそれ自体とモノの呼び方を区別する必要がある。例えば，日本語では，「りんご」であるが，英語では "apple" であ

る。ちなみに，ドイツ語では "apfel"，中国語では「苹果」である。このように，たとえモノそれ自体が1つしかなかったとしても，そのモノの呼び方は，何通りも考えることができる。この意味で，分数とは「数の呼び方」と捉えていただきたい。分数は，分子と分母を1つの組にして1つの数を表すという，表現の形式なのである。例えば，1の半分を表すために，$\frac{1}{2}$ や $\frac{2}{4}$，$\frac{5}{10}$ など，複数通りの表現形式を用いることができ，いずれも「1の半分と等しい量」の異なる呼び方である。同様に，3を表すために，3だけでなく，$\frac{3}{1}$ や $\frac{24}{8}$ などを用いることができる。これも，1つの量に対して複数通りの呼び方があることを示す例である。ただし，計算の結果などを表すときは，原則として既約分数（それ以上約分できない分数）を用いる。「1の半分と等しい量」の場合は，$\frac{1}{2}$ が既約分数である。また，わざわざ分数を用いなくても，より簡単な形で表現できる場合は，その形が分数よりも優先される。例えば，$\frac{3}{1}$ や $\frac{24}{8}$ ではなく，3を用いるのは，その規則に則るためである。

　では，私たちが（あるいは，児童たちが），「分数」に対して「中途半端な大きさの数」というイメージを抱きがちな理由はどこにあるのか。考えられる1つの理由は，上でも述べたように，分数という表現形式が，中途半端な大きさの数を表すために有用だからである。そもそも，3や5といった数しか登場しない場面であれば，わざわざ分数という表現形式を使用する必要はない。私たちは，中途半端な大きさの数を正確に相手に伝えたいと思うからこそ，分数という表現形式を必要とする。

　小学校での最初に分数の意味を学ぶ場面を思い出してみるとよい。ここではケーキを4等分した際の1つ分をどのように表現するかを考えてみる。分数という表現形式があることによって簡潔に表現できるということを，児童に実感させることが重要となる。

　分数を導入する最初の場面では，1つのモノを等分したが，こうした場面は，等分されるモノが1ではないような場面にも広げて考えることができる。例え

ば，2 m のテープを 7 等分する場合や，8L の水を 3 等分する場合である。このことをより数学的な言葉で言い換えると，「1 ÷ 自然数」の場面のみならず，より広く，「自然数 ÷ 自然数」の場面を考えることになる。これは，中学校 3 年生での学習内容であるが，整数 m と，0 でない整数 n を使って，分数 $\frac{m}{n}$ の形に表される数を有理数と呼ぶ（この有理数には，$\frac{3}{1}$ や $\frac{10}{5}$ などの自然数を含む）。そのため，小学校段階では，「有理数」という用語は学習しないが，自然数同士のわり算の結果である正の有理数を表現する方法として，分数という表現形式を学習していることになっている，と言うことができる。

　ただし，この学習場面においては，ただ単にわり算の答えの書き方を形だけ学ぶのではなくて，わり算の結果として，実際にどのような量が得られるのかについての量感覚を適切に学べるような配慮が必要である。例えば，1 枚のピザを 6 人で分ける場合と，2 枚のピザを12人で分ける場合とでは，どちらの場合の方が，一人あたりの分量が多くなるかを比べる活動を通じて，分数という表現形式と，それが表す量の大きさを結びつける学習が必要である。

　このように，分数表現と量感覚がきちんと結びつき，適切に分数の大小関係を判断できる児童を育むことは，算数の指導として重要である。しかし，その一方で，分数という表現形式では，大小比較が行いにくいことが挙げられる。そこで，算数で学習するもう 1 つの表現形式として，小数を考えてみよう。小数は，分数同様，表現形式の 1 つである。小数は，$\frac{1}{10}=0.1$ や $\frac{1}{100}=0.01$ を単位とし，十進位取り記数法（第 1 講参照）を拡張することで，中途半端な大きさの数を表現することを可能にしている。小数は，分数と比較して，大小比較が容易であるという特徴を有している。例えば，$\frac{74}{13}$ と $\frac{82}{15}$ の大小をすぐに判断することは難しいが，約5.692と約5.467であれば，すぐにその大小を判断することができる。また，円周率3.14159… のように，正確に表現することが難しい値のおおよその大きさを表すためにも，小数は有用である。ただし，これらの例がそうであるように，小数は，大小比較が容易である一方で，表そうとす

る数によっては，その大きさを正確に表現することができない。「約」や「…」をつけざるを得ないことがある。分数と小数は，それぞれ表現形式として一長一短であり，それぞれの長所と短所を理解し，適切に使い分けることができるように指導する必要がある。

2．数とは何か（順序構造と演算可能性）

　これまでは，分数と小数がいずれも「数」ではなく「数の表現形式」であることを学んできた。では，逆に，「数」とは何か。私たちは，分数や小数を用いて，そもそも何を表現しているのか。ただし，予め断っておくと，数学という学問の中では，どんな条件を満たすモノが「数」と呼ばれるのかについて，答えを出すことができない。数学者が行っている「数」についての研究の発展は多様であり，数学史を紐解くと，様々に変化してきた。このことは，数学という学問の世界で今もなお続いていることであり，今後も数学者が「数」と呼ぶような対象は，時代とともに変化するであろう。しかしながら，算数において扱われる「数」がどのような対象であるのかについては，算数を指導する上で明確にしておく必要がある。ここでは，この観点から数の本性に接近していきたい。

　さて，前節でもいくつか例示されたように，数を指導する上で重要なことの一つに，数と量の適切な接続がある。分数や小数の表現形式と量感覚が児童たちの中できちんと結びつくように，教科書の指導内容は構成されている。中学・高校・大学と学び続ける中で，数学はその抽象度を徐々に増していき，比較的身近な日常生活とは切り離される傾向にあるが，それでも小学校においては，すべての児童が身につけるべき基礎的な素養として，日常生活や科学との結びつきが必要不可欠である。日常生活や科学において数が登場する場面とは，まさに「量」が関わる場面であり，個数・長さ・重さ・面積・体積・時間・速さ等々，様々な量と数の関係が，小学校6年間を通じて多面的に指導される。

　この「量」についての詳細は，第6講「比較と測定」に譲るとして，小学校で学ぶ「数」は，大きく分けて2つの本質的な役割を有している。ひとつは，日常生活で現れる「量」を数値化し，その大小を順序付け可能にする役割であ

る。例えば，2 kg のおもりと 3 kg のおもりでは，後者の方が重い。あるいは，2 m のテープを 3 等分した 1 つ分 $\left(\text{すなわち，}\dfrac{2}{3}\right)$ と，3 m のテープを 5 等分した 1 つ分 $\left(\text{すなわち，}\dfrac{3}{5}\right)$ とでは，前者の方が長い。こうした「数」の日常的な有用性を踏まえると，小学校で学ぶ「数」は，順序付け可能なモノとして理解されなければならない。

　一般的にいって，数学的な対象の集まり（集合）に順序関係 $\leqq$ が定義されていて，次の法則をすべて満たすとき，その集合は，順序構造を有していると呼ばれている。

順序構造〔全順序集合の公理〕

(1) ［反射律］その集合の中から任意に対象を選び，それを a とすると，必ず $a \leqq a$ が成り立つ。

(2) ［推移律］その集合の中から任意に対象を 3 つ選び，それぞれ a, b, c としたとき，$a \leqq b$ と $b \leqq c$ が成り立っていれば，必ず $a \leqq c$ も成り立つ。

(3) ［反対称律］その集合の中から任意に対象を 2 つ選び，それぞれ a, b としたとき，$a \leqq b$ と $b \leqq a$ が両方成り立っていれば，必ず $a = b$ である。

(4) ［全順序律］その集合の中から任意に対象を 2 つ選び，それぞれ a, b とすると，必ず $a \leqq b$ か $b \leqq a$ のうち少なくともどちらか一方は成り立つ。

　例えば，あらゆる自然数を集めて作った集合は順序構造を有しているが，どんな集合であっても，順序構造を有しているとは限らない。数の集合であっても，例えば高等学校で学習する複素数 $(a + bi)$ をすべて集めて作った集合は，普通は順序構造を有していないものであると学ぶ。算数だからこそ意識すべき，数の特徴として，順序構造がある。

　したがって，新しい数を学習するときや，新しい数の表現形式を学習するときは，既習の数と新しい数との間にどのような順序関係があるのか，既習の数の表現形式と新しい数の表現形式との間にどのような順序関係があるのかを，逐次確認することが重要である。しかしながら，例えば分数や小数は，それぞれ数の表現形式の一つであったが，数の集合全体に備わっている順序構造を，

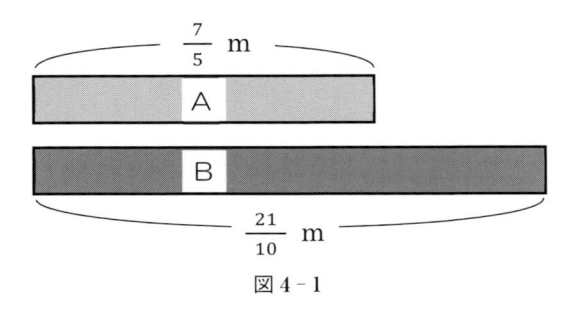

図 4 - 1

わかりやすい形で表現しているわけではない。そこで，そうした数の集合全体の性質を目に見える形で表現するために，算数を指導する際に用いられる道具が，数直線である（第3講参照）。小学校算数では，分数で表された数と小数で表された数を同じ数直線上に位置づけることで，与えられた分数や小数の順序関係を実感させる場面がある。数直線は，大きい数ほど右に位置づけるという規則でかかれる図なので，数直線を用いれば，2つの数の大小のみならず，かき込んでいったすべての数の順序を，視覚的にわかりやすく表現することができる。単に小数を分数になおしたり，分数どうしを通分したりして，形の上で2つの数の順序の比較ができるようになるだけではなくて，3つ以上の数を数直線上に位置づける活動を通じて，小学校で学ぶ「数」全体が有する順序構造を実感させることが重要である。

　次に，小学校で学ぶ「数」が有するもうひとつの本質的な役割としては，かけ算とわり算がいつでもできるという性質を活かすことで，量の大きさを捉えやすくするということが挙げられる。例えば，図4-1において，テープBの長さは，テープAの長さの何倍であるといえるだろうか。この場合は，$\dfrac{21}{10} \div \dfrac{7}{5} = \dfrac{21}{10} \times \dfrac{5}{7} = \dfrac{3}{2}$ なので，$\dfrac{3}{2}$ 倍であるといえるが，こうした量の比較がいつでもできるためには，どんな2つの数が与えられたとしても，その2つの数を用いていつでもわり算ができる必要がある。

　前節で見たように，自然数どうしのわり算の結果は，いつでも自然数になるとは限らない。一方，第5講「偶数と奇数」でも述べるように，有理数同士の

かけ算・わり算の結果は，いつでも有理数になる（有理数の集合は乗法と除法について閉じている）。したがって，当たり前であるが，有理数で表される量を考える限りにおいては，有理数で表せない数を必要とはしない。

このようにして，私たちは，正の有理数を考えることで，0でない任意の量を単位としたときに，与えられた量がどれくらいの大きさであるかを表現することができるようになった。このような，かけ算とわり算の演算可能性が，算数における「数」の本質として重要である。

なお，いつでもわり算ができると言っても，0でのわり算は規定されないことに注意が必要である（かけ算の逆計算として考えることができない）。また，たし算の演算可能性は素朴に認めることができるものの，その逆，ひき算の演算可能性については，中学校1年生で負の数を学習するまでは保証されないことにも注意すべきである。

3．有理数の順序構造：稠密性

前節では，正の有理数全体を考えることによって，順序構造（どんな2数でも順序付けることができる）と演算可能性（0以外のどんな2数に対してもわり算が行える）が得られることを確認した。では，これらの性質は，一体どんな含意をもつのか。すなわち，これらの性質を通じて，児童たちにどのような豊かな経験を与えることができるのか。本節では，一例として，次の2つの問いについて考えてみたい。

問1　太郎くんは10個，花子さんは6個のキャンディを持ち寄りました。それらを二人で分け直すと，二人は8個ずつキャンディをもらうことができます。では，太郎くんと花子さんの持ち寄ったキャンディがそれぞれ何個であったとしても，いつでも二人は同じ個数ずつキャンディをもらうことができるでしょうか。

問2　太郎くんと花子さんがジュースを持ち寄った場合，それぞれ何Lであったとしても，いつでも二人は同じ量ずつジュースをもらうことができるでしょうか。

　問1と問2は，互いによく似た問題ではあるが，自然数と有理数の本質的な違いを象徴する問題である。問1の答えは，1個のキャンディをきれいに半分にできない限り，「いつでもできるわけではない」となる。キャンディの総数が偶数にならない場合，つまり，太郎くんと花子さんの持ち寄った個数が，一方が偶数で他方が奇数であるような場合は，分け合うことができない。ところが，問2の答えは様子が異なる。持ち寄ったジュースの量がそれぞれどんな量であっても，いつでも分け合うことができる。この差は，自然数（で表されるキャンディの個数）が順序構造しか備えていないのに対して，有理数（で表現可能なジュースの量）が順序構造とわり算の演算可能性の両方を備えていることに起因する。

　問1と問2をより数学的に発展させるならば，次のような問題を考えることができる。

> **問　数の集合 X の中から任意に2つの数を選び，それらを a, $b(a<b)$ とする。このとき，X の中から $a<c<b$ なる第三の数 c を，いつでも見つけ出すことができるか。**

　X がこの問の答えを「できる」にするような集合であった場合，その集合は**稠密**（「ちゅうみつ」と読む）であるという。これは，異なる2数の間には無限にたくさんの数が，ぎっしり存在することを意味している。先の問1と問2の解決過程を振り返れば，自然数全体の集合は稠密ではなく，有理数全体の集合は稠密であることがわかる。実際，X が自然数全体の集合であった場合，a と $a+1$ の間に自然数が存在しないので，$b=a+1$ であったときには，X の中から適切な c を見つけることはできない。また，X が有理数全体の集合であった場合は，例えば，$c=\dfrac{a+b}{2}$ と考えれば，どんな a, b に対しても，$a<c<b$ となるような c が，X の中には必ず含まれているこ

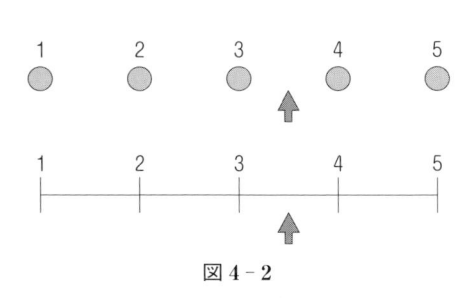

図4-2

とが確認できる。これは，具体的に述べれば，図 4 - 2 に示したように，自然数の範囲では存在しない 3 と 4 の間の数 3.5 が，有理数の範囲では存在するということである。有理数全体の集合の稠密性は，a や b や $a+b$ のような X の中の数ならば，いつでも 2 で割ることができるという演算可能性と，X が順序構造を有するという 2 つの性質によって支えられているといえる。

　算数の指導においては，液体やテープのような量の扱いを通じて，こうした有理数の優れた数学的性質を学ぶことができる。液体やテープといった個別の量について学ぶのではなく，そうしたあらゆる量を統合的に扱うことを可能にする有理数という抽象的な概念を学ぶことが重要である。そうすることが，小学校では扱われない新しい量を学ぶ際の基礎となると同時に，量に限らず，概念をより抽象的な形で考察する力の基礎となる。

4．稠密性と連続性

　稠密性を得たことにより，小学校で扱われる「数」は，「量」を表現する道具として有用性が高まった。では，稠密性をもって，私たちは，「数」が「量」を表現する道具として完成されたと捉えることができるだろうか。中学校で学ぶことを振り返ってみれば明らかであるが，有理数では表すことのできない「量」が存在する。例えば，1 辺が 1 m の正方形の対角線の長さ $\sqrt{2}$ m，などである。高等学校で学んだように，$\sqrt{2}$ は有理数では表すことのできない数で，代表的な無理数の一つである。また冒頭の節で取り上げた(4) $\dfrac{2}{\sqrt{2}}$ も，$\dfrac{2}{\sqrt{2}} = \sqrt{2}$ であるから，有理数ではない。こうした例からも，分数で表されるということと有理数であるということは区別が必要な問題であり，対角線の長さなどの量を適切に表現するためには，さらなる数が必要であることがわかる。

　稠密性さえあれば，$a<c<b$ となる c を選び，$a<d<c$ となる d を選び，$a<e<d$ となる e を選び，……，という要領を繰り返すことで，a よりもギリギリ大きい数を選び出すことが可能である。また，この要領は無限に繰り返すことができるので，a と b の間には無限にたくさんの数があることがわかる。しかし，だからといって，これらのことが，a と b の間に隙間なく数があることを

意味するわけではない。有理数のみを考える場合，2つの有理数1.4と1.5の間には，無限にたくさんの有理数が飛び飛びで埋まっていることまでは稠密性から確認することができるが，$\sqrt{2}=1.41421356\cdots$ のような，本来は1.4と1.5の間にあるはずの数が存在するかどうかは，稠密性からは確認することができない。言い換えれば，すべての有理数を数直線に対応付けたとしても，数直線上のすべての点を埋め尽くすことはできない。$\sqrt{2}$ のような数に対応する点が，漏れてしまっている。

　そこで，量としては確かに存在するはずの，数直線上に対応付けることができるすべての数（すなわち，すべての実数）を，きちんと捉えるための方法を考えてみよう。有理数だけでは捉えきれない数が，$\sqrt{2}$ や $\sqrt{3}$ など，数えられる程度の個数しかないのであれば，個別に対応すればそれで済むが，実際には，平方根で表せない数も含めて，無限にたくさん捉え損ねている数が存在するので，統一的に捉える方法が必要である。

　有理数から実数を構成する方法は何種類も知られているが，学校数学において，その基礎として採用されている方法は，順序完備化と呼ばれる方法の一種である。順序構造とわり算の演算可能性を両立するように有理数を作ったので，そうした数の体系を完備なものに仕立て上げるという発想で，実数も構成することとなる。

　例えば，1辺が1mの正方形の対角線の長さを xm とする。まず，一辺が xm の正方形の面積が $2\,\mathrm{m}^2$ になるので，$x^2=2$ であることがわかる（図4-3）。また，正方形は，面積が大きければ大きいほど，その一辺の長さが大きくなるといえるので，2乗したときに2に近い数であればあるほど，x に近い数であることがわかる。つ

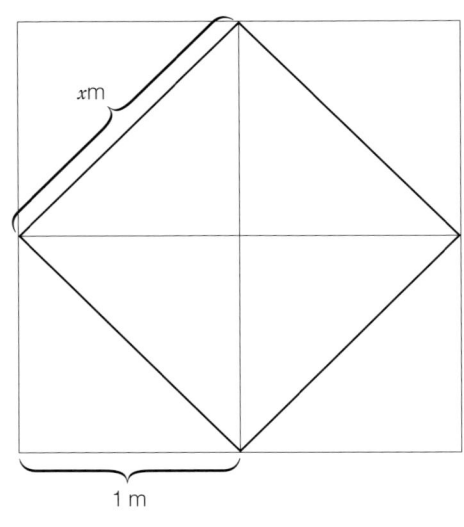

図4-3

まり，2 つの正の有理数 a，b について，$a^2 < b^2 < 2$ ならば $a < b < x$ であり，$2 < b^2 < a^2$ ならば $x < b < a$ であるといえる。この性質を用いると，

- $1.4^2 < x^2 < 1.5^2$ より　$1.4 < x < 1.5$
- $1.41^2 < x^2 < 1.42^2$ より　$1.41 < x < 1.42$
- $1.414^2 < x^2 < 1.415^2$ より　$1.414 < x < 1.415$
- $1.4142^2 < x^2 < 1.4143^2$ より　$1.4142 < x < 1.4143$

$\vdots$

という風に，x よりもギリギリ小さい有理数と x よりもギリギリ大きい有理数を，いくらでも繰り返して上手く見つけることができる。有理数の稠密性より，このギリギリ具合は，手順を繰り返すごとに改善されていく（図 4 - 4）。このようにして捉えられる数を，私たちは $\sqrt{2}$ と呼んでいる。

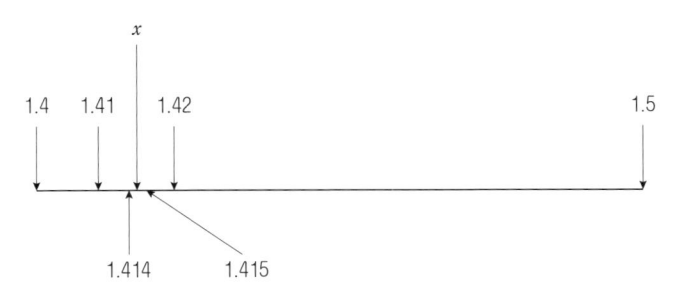

図 4 - 4

　より一般に，数直線上のある点を境にして，その点よりも左側にある有理数と右側にある有理数に分けることを考えてみよう。このような分け方を，数学では「デデキントの切断」と呼ぶ。先程の $\sqrt{2}$ の例でいえば，2 乗すると 2 になる正の数に対応する点を境にして，左側と右側に分けたことになる。この境目の点に対応する数は，分け方によっては有理数の場合もあるが，$\sqrt{2}$ のように有理数ではない場合もある。つまり，有理数を考えているだけでは，切断の境目となり得るすべての点を網羅できず，こうして初めて，有理数でない数の存在が想定可能となる。この境目になり得る点に対応する数を実数と呼ぶ。

有理数全体の集合は，切断の境目がすべて埋まっているわけではないのに対して，実数全体の集合は，切断の境目がすべて埋まっている。このような実数の性質を**連続性**という。

$\sqrt{2}$ は，中学校での学習内容であるが，小学校においても，有理数ではない実数を指導する機会がある。それは，円周率である。円周率の指導にあたっては，$\sqrt{2}$ の例と同様に，児童たちには，円周率の値よりもギリギリ小さい有理数とギリギリ大きい有理数を考える活動が必要であるといえる。

> **問**　自由な長さで切ることができるテープがある。ある直径の円柱の側面に，テープを一周分巻きつけることを考える。直径の何倍のテープを用意すれば，過不足なくぴったり円周に巻きつけることができるか。

円周の長さが何 cm であるかを正確に測定することは難しいので，円周の長さを直径の長さでわり算する活動よりも，上の問のように，直径の長さに適当な比をかけ算する活動の方が，新しい数として円周率の存在を想定することの必要性が実感されるのではないだろうか。

（杉野本勇気・上ヶ谷友佑）

第4講　参考文献

足立恒雄（2011）『数とは何か――そしてまた何であったか』共立出版.

エイドリアン，Y.（久保儀明・蓮見亮訳）（2008）『π と e の話――数の不思議』青土社.

吉田洋一（1939）『零の発見――数学の生い立ち』岩波新書.

第5講　偶数と奇数

- ■　偶数・奇数の捉え方
- ■　剰余類による整数の分類
- ■　数の集合が当該の演算に関して閉じていること
- ■　シンメトリーと代数的構造

偶数と奇数について，「2でわったとき，わり切れる整数を偶数，わり切れない整数を奇数といいます」という説明が多くみられるが，この説明には問題はないだろうか。

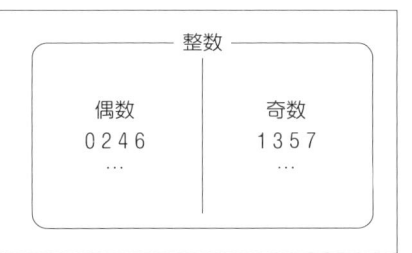

1．偶数・奇数の捉え方

　偶数・奇数は，整数（本講では，0と正の整数を意味する）の性質に関する学習内容の一つとして，約数・倍数などとあわせて取り扱われており，多くの教科書では「2でわり切れる整数を偶数，2でわり切れない整数を奇数という」といった，「わり切れる」という性質（整除性）の観点から説明されている。こうした説明は，児童にとって容易に理解でき，約数・倍数の学習への関連づけもできることから採用されていると考えられる。しかしながら，こうした説明には問題がないといえるだろうか。

　2でわり切れるかどうかという整除性の観点で整数全体の集合をみると，すべての整数を落ちがなく，どちらか一方に重なりなく，わり切れるものとわり切れないものとに分けることができる。次の図は，数直線上に，2でわり切れる整数に○，わり切れない整数に×をつけたものである。

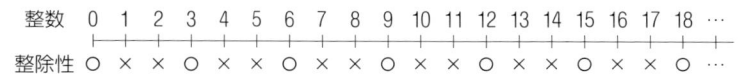

ここから偶数，奇数の集合を，それぞれ次のように得ることができる。

　　{0，2，4，6，8，10，12，14，16，18，...}（2でわり切れる）

　　{1，3，5，7，9，11，13，15，17，19，...}（2でわり切れない）

　こうした落ちや重なりのない分類の仕方を**類別**といい，類別された部分集合を**類**という。すべての整数を，2での整除性の観点で類別すると，2でわり切れる偶数の集合とわり切れない奇数の集合という2つの類を得ることができる。しかもこの類別の結果から，偶数と奇数が数直線上にそれぞれ等間隔で現れることや，それぞれ小さい方から2ずつ増えていることがわかる。

　これらのことから，整除性の観点による類別に問題はないように思われるが，こうした見方を発展させ，別の数での整除性の観点による類別を考えるとどうなるか。

　例えば，3での整除性の観点で整数を類別すると，次のようになる。

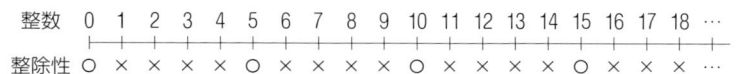

　これより，3でわり切れる整数とわり切れない整数の集合は，それぞれ次のようになる。

　　{0，3，6，9，12，15，18，21，24，27，...}（3でわり切れる）

　　{1，2，4，5，7，8，10，11，13，14，...}（3でわり切れない）

　この類別の結果から，3でわり切れる整数は，数直線上に等間隔で現れることや，小さい方から3ずつ増えていることはわかるが，3でわり切れない整数には，これらの規則性を見出すことができない。

　では，5での整除性の観点で類別すると，どうだろうか。

| 整数 | 0 1 2 3 4 5 6 7 8 9 10 11 12 13 14 15 16 17 18 … |
| 整除性 | 〇 × × × × 〇 × × × × 〇 × × × × 〇 × × × … |

　これより，5でわり切れる整数とわり切れない整数の集合は，それぞれ次のようになり，やはり，3でわり切れる整数とわり切れない整数のときと同じように，2つの類に共通する規則性を見出すことができない。

$\{0,\ 5,\ 10,\ 15,\ 20,\ 25,\ 30,\ 35,\ 40,\ ...\}$（5 でわり切れる）

$\{1,\ 2,\ 3,\ 4,\ 6,\ 7,\ 8,\ 9,\ 11,\ ...\}$（5 でわり切れない）

　つまり，2 での整除性の観点からの類別では，偶数と奇数を統合的に考察することはできるものの，他の数では，わり切れる整数の類とわり切れない整数の類に共通する規則性で統合的に考察できないという問題が生じてくる。

2．剰余類による整数の分類

　そこで，整数を類別する観点として，ある数でわったときの余りに注目してみよう。

　例えば，整数を 2 でわったときの余りで整理すると，次のようになる。

　この数直線から，余りが 0 になる整数（偶数）と 1 になる整数（奇数）の集合は，それぞれ次のようになる。

$\{0,\ 2,\ 4,\ 6,\ 8,\ 10,\ 12,\ 14,\ 16,\ 18,\ ...\}$（余りが 0 ）

$\{1,\ 3,\ 5,\ 7,\ 9,\ 11,\ 13,\ 15,\ 17,\ 19,\ ...\}$（余りが 1 ）

　この類別の結果から，整除性の観点による類別同様，偶数と奇数が数直線上にそれぞれ等間隔で現れることや，それぞれ小さい方から 2 ずつ増えていることがわかる。

　では，こうした余りの観点による類別を，別の数で考えてみよう。

　例えば，整数を 3 でわったときの余りで整理すると，次のようになる。

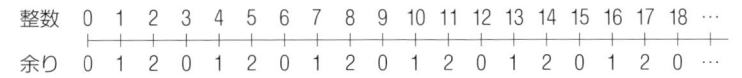

　これより，余りが 0，1，2 になる整数の集合は，それぞれ次のようになる。

$\{0,\ 3,\ 6,\ 9,\ 12,\ 15,\ 18,\ 21,\ ...\}$（余りが 0 ）

$\{1,\ 4,\ 7,\ 10,\ 13,\ 16,\ 19,\ 22,\ ...\}$（余りが 1 ）

$\{2,\ 5,\ 8,\ 11,\ 14,\ 17,\ 20,\ 23,\ ...\}$（余りが 2 ）

　この類別の結果から，数直線上に余りが 0，1，2 になる整数がそれぞれ等間隔に現れることや，それぞれ小さい方から 3 ずつ増えていることがわかる。

また，整数を 5 でわったときの余りで整理すると，次のようになる。

```
整数  0  1  2  3  4  5  6  7  8  9  10 11 12 13 14 15 16 17 18 …
     ┼──┼──┼──┼──┼──┼──┼──┼──┼──┼──┼──┼──┼──┼──┼──┼──┼──┼──┼──
余り  0  1  2  3  4  0  1  2  3  4  0  1  2  3  4  0  1  2  3  …
```

これより，余りが 0，1，2，3，4 になる整数の集合は，それぞれ次のようになり，やはり，それぞれの類に共通する同様の規則性を見出すことができる。

$\{0, \ 5, \ 10, \ 15, \ 20, \ 25, \ 30, \ 35, \ ...\}$（余りが 0）

$\{1, \ 6, \ 11, \ 16, \ 21, \ 26, \ 31, \ 36, \ ...\}$（余りが 1）

$\{2, \ 7, \ 12, \ 17, \ 22, \ 27, \ 32, \ 37, \ ...\}$（余りが 2）

$\{3, \ 8, \ 13, \ 18, \ 23, \ 28, \ 33, \ 38, \ ...\}$（余りが 3）

$\{4, \ 9, \ 14, \ 19, \ 24, \ 29, \ 34, \ 39, \ ...\}$（余りが 4）

このように，整数の類別を余りの観点から行うことで，整除性の観点とは異なり，それぞれの類に共通する規則性で統合的に考察することが可能となる。

こうした，ある数でわったときの余り（剰余）を観点とした類別で得られた類のことを，その数を法とする**剰余類**という。例えば，整数を 2 でわったとき余りが 0 か 1 かで類別して得られた 2 つの類，つまり偶数と奇数は，2 を法とする剰余類であり，5 による剰余で類別して得られた 5 つの類を，5 を法とする剰余類という（第 2 講参照）。整数の類別を剰余の観点から行い，3 以上の整数を法とする剰余類を考えることで，整除性の観点からの類別ではできなかった，統合的な考察が 3 以上の整数の場合でも一般的に可能となった。

> **問　他の数での剰余の観点による類別についても，調べてみよう。**

3．数の集合が当該の演算に関して閉じていること

これまで，整数を剰余の観点から類別することにより，2 を法とする剰余類（偶数，奇数），3 を法とする剰余類，5 を法とする剰余類について検討してきた。ここでは，そうした集合を演算に注目しながら検討してみよう。

①　2 を法とする剰余類（偶数・奇数）

まず，2 を法とする剰余類，つまり偶数と奇数について考えてみよう。

　偶数の集合では，2つの偶数をどのように選んでも，$2+4=6$ や $8+4=12$ のように，加法の結果は偶数になる。また，$4\times6=24$ や $8\times2=16$ のように，乗法の結果も偶数になる。しかし，減法の場合，$8-2=6$ のように，その結果が偶数になるものもあれば，$4-10=-6$ のように負の数となり，整数にならないものもある。また，除法の場合も，$12\div2=6$ のように，その結果が偶数になるものもあれば，$12\div4=3$ や $2\div8=0.25$ のように，偶数にならないものもある。

　一般に，ある2つの偶数を $2m$，$2n$（m，n は0または正の整数，以下同様）と表すと，それらの四則演算は次のようになる。

$$2m+2n=2(m+n) \qquad 2m-2n=2(m-n)$$

$$2m\times2n=2(2mn) \qquad 2m\div2n=\frac{m}{n} \qquad （ただし，n\neq0）$$

m，n は，0または正の整数だから，$m+n$，mn も，0または正の整数となり，加法と乗法の結果は常に偶数になるといえる。しかし，$m-n$ は，0または正の整数になるとは限らないため，減法の結果は常に（負ではない）偶数になるとはいえず，また，$\frac{m}{n}$ も整数にならない場合があるため，除法の結果も常に偶数になるとはいえない。つまり，偶数の集合では，加法と乗法の結果はもとの集合に属するが，減法と除法の結果は必ずしももとの集合に属さない。

　一方，奇数の集合では，2つの奇数をどのように選んでも，$3\times7=21$ や $11\times5=55$ のように，乗法の結果は奇数になるが，$3+5=8$ や $9+7=16$ のように，加法の結果は奇数にならない。また，減法の場合，$7-3=4$，$5-13=-8$ のように，その結果は奇数にならず，除法の場合も，$15\div3=5$ のように，その結果が奇数になるものもあれば，$9\div5=1.8$ のように整数にならず，奇数にならないものもある。

　一般に，ある2つの奇数を $2m+1$，$2n+1$ と表すと，それらの四則演算は次のようになる。

$$(2m+1)+(2n+1)=2(m+n+1)$$

$$(2m+1)-(2n+1)=2(m-n)$$

$$(2m+1)\times(2n+1)=2(2mn+m+n)+1$$

$$(2m+1) \div (2n+1) = \frac{2m+1}{2n+1}$$

m, n は, 0または正の整数だから, $m+n+1$, $2mn+m+n$ も, 0または正の整数となり, 乗法の結果は常に奇数になるが, 加法の結果は常に奇数にはならない (偶数になる)。また, 減法や除法の結果も常に奇数になるとはいえない。つまり, 奇数の集合では, 乗法の結果はもとの集合に属するが, 加法, 減法, 除法の結果は必ずしももとの集合に属さない。

②　3を法とする剰余類

次に, 3を法とする剰余類について考えてみよう。ここでは, 3を法として剰余が0, 1, 2になる剰余類を, それぞれ C_0, C_1, C_2 と表すことにする。

まず, C_0 に含まれる2つの数を $3m$, $3n$ と表すと, それらの四則演算は次のようになる。

$$3m + 3n = 3(m+n) \qquad\qquad 3m - 3n = 3(m-n)$$

$$3m \times 3n = 3(3mn) \qquad\qquad 3m \div 3n = \frac{m}{n} \qquad (ただし, n \neq 0)$$

m, n は, 0または正の整数だから, $m+n$, mn も, 0または正の整数となり, 加法と乗法の結果は常に3の倍数となる。しかし, $m-n$ や $\frac{m}{n}$ は, 0または正の整数とはならない場合もあるため, 減法や除法の結果が常に (負ではない) 3の倍数になるとはいえない。つまり, C_0 では, 加法と乗法の結果はもとの集合に属するが, 減法と除法の結果は必ずしももとの集合に属さない。

次に, C_1 に含まれる2つの数を $3m+1$, $3n+1$ と表すと, それらの四則演算は次のようになる。

$$(3m+1) + (3n+1) = 3(m+n) + 2$$

$$(3m+1) - (3n+1) = 3(m-n)$$

$$(3m+1) \times (3n+1) = 3(3mn+m+n) + 1$$

$$(3m+1) \div (3n+1) = \frac{3m+1}{3n+1}$$

m, n は, 0または正の整数だから, $m+n$, $3mn+m+n$ も, 0または正の整数となり, 乗法の結果は常に3でわって余りが1になる数だが, 加法の結果

はそうではない。また，$m-n$ は，0または正の整数になるとは限らないため，減法の結果が常に3でわって余りが1になる数とはいえず，除法の結果もそうとはいえない。つまり，C_1 では，乗法の結果はもとの集合に属するが，加法，減法，除法の結果は必ずしももとの集合に属さない。

そして，C_2 に含まれる2つの数を $3m+2$，$3n+2$ と表すと，それらの四則演算の結果は，次のようになる。

$$(3m+2)+(3n+2)=3(m+n+1)+1$$
$$(3m+2)-(3n+2)=3(m-n)$$
$$(3m+2)\times(3n+2)=3(3mn+2m+2n+1)+1$$
$$(3m+2)\div(3n+2)=\frac{3m+2}{3n+2}$$

m，n は，0または正の整数だから，$m+n+1$，$3mn+2m+2n+1$ も，0または正の整数となるが，加法と乗法の結果は常に3でわって余りが2となる数ではない。また，$m-n$ は，0または正の整数になるとは限らず，もしそうだとしても，減法の結果は3でわって余りが2となる数ではない。除法の結果も同様である。つまり，C_2 では，すべての四則演算の結果は必ずしももとの集合に属さない。

ある集合の要素に対する演算の結果がもとの集合に属するという性質を，その演算について**閉じている**（閉性）という（第4講参照）。例えば，偶数の集合は，加法と乗法について閉じていて，減法や除法について閉じていない。

この閉性は，様々な数の集合の性質を調べるための観点になり，また，ある演算を自由にできるようにするために，新たな数の導入（数の集合の拡張）や数の集合の新たな捉え方を検討する機会も与えてくれる。自然数の集合が減法について閉じていないので負の整数を導入し，整数の集合が除法について閉じていないので分数（有理数）を導入するといった学習展開は，この閉性の観点を学習者に意識させることで可能となる。

> **問**　他の数を法とする剰余類が四則演算について閉じているか，調べてみよう。

４．シンメトリーと代数的構造

これまで整数の様々な剰余類について，四則演算についての閉性を観点として検討してきたが，そこでは加法と乗法について閉じている剰余類がいくつもみられた。そこで，この加法と乗法に注目して，整数全体という視点から，再度，剰余類を検討してみよう。

①　２を法とする剰余類（偶数・奇数）

例えば，２を法とする剰余類の偶数と奇数では，偶数どうし，奇数どうしの加法，乗法について閉じていた。では，偶数と奇数の加法や乗法も含めて，整数全体の集合として検討すると，どんなことがわかるだろうか。

まず，偶数と奇数の加法としては，偶数＋偶数，偶数＋奇数，奇数＋偶数，奇数＋奇数の４通りが考えられる。例えば，偶数に２や３をたした結果，また，奇数に４や５をたした結果は，図５－１のようになり，偶数＋2＝偶数，偶数＋3＝奇数，奇数＋4＝奇数，奇数＋5＝偶数といった規則性が見えてくる。

偶数＋２：

0	2	4	6	8	10	12	14	16	…
↓	↓	↓	↓	↓	↓	↓	↓	↓	
2	4	6	8	10	12	14	16	18	…

偶数＋３：

0	2	4	6	8	10	12	14	16	…
↓	↓	↓	↓	↓	↓	↓	↓	↓	
3	5	7	9	11	13	15	17	19	…

奇数＋４：

1	3	5	7	9	11	13	15	17	…
↓	↓	↓	↓	↓	↓	↓	↓	↓	
5	7	9	11	13	15	17	19	21	…

奇数＋５：

1	3	5	7	9	11	13	15	17	…
↓	↓	↓	↓	↓	↓	↓	↓	↓	
6	8	10	12	14	16	18	20	22	…

図５－１　偶数＋2，偶数＋4，奇数＋4，奇数＋5 の結果

ここで，「●」と「◉」のおはじきを用いて，偶数と奇数の４通りの加法を表現してみよう（第13講２．操作的証明参照）。「●」を２対になるように並べ，「◉」は剰余を表現するために並べると，４通りの加法やその結果を図５－２のように表現することができる。

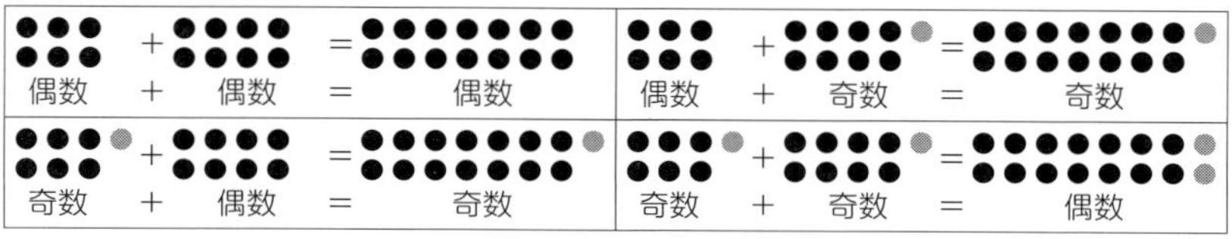

図５－２　偶数＋偶数，偶数＋奇数，奇数＋偶数，奇数＋奇数についてのおはじきを用いた説明

　ここから，偶数＋偶数には「●」はないため，その結果は2対の「●」のみで表現され，偶数となることがわかる。偶数＋奇数と奇数＋偶数は，「●」が1つずつあるので，それぞれの結果は奇数となる。そして，奇数＋奇数は，2つの「●」が対をなすことから，その結果は偶数となることがわかる。

　ちなみに，4通りの加法をm，n（0または正の整数，以下同様）を用いて表すことで，それぞれの結果の規則性を次のように確認することもできる。

$$2m + 2n = 2(m + n) \qquad\qquad 2m + (2n + 1) = 2(m + n) + 1$$

$$(2m + 1) + 2n = 2(m + n) + 1 \qquad\qquad (2m + 1) + (2n + 1) = 2(m + n + 1)$$

　同様に，偶数と奇数の乗法も，偶数×偶数，偶数×奇数，奇数×偶数，奇数×奇数の4通りが考えられる。ここでも，「●」と「●」のおはじきを用いて表現してみよう。「●」を偶数個並べて，偶数を「●●●●」，「奇数＝偶数＋1」という見方から，奇数を「●●●●●」と表現すると，4通りの乗法とその結果は，図5-3のように表現できる。

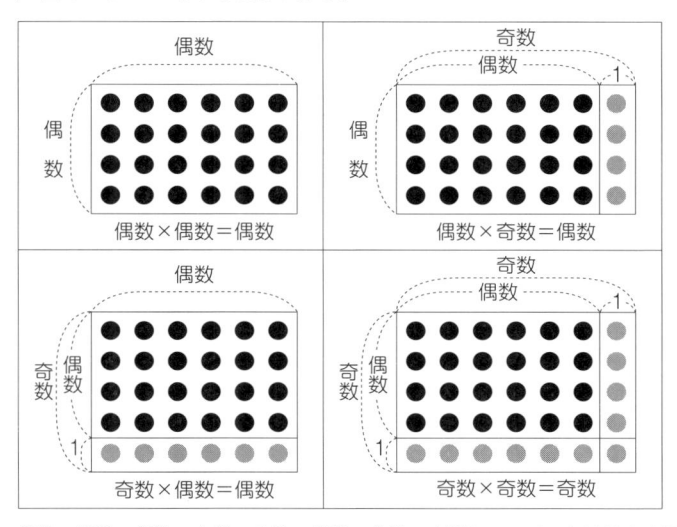

図5-3　偶数×偶数，偶数×奇数，奇数×偶数，奇数×奇数についてのおはじきを用いた説明

　ここから，偶数×偶数，偶数×奇数，奇数×偶数の3つは，各区画におはじきがそれぞれ偶数個並んでいることから，それらの結果が偶数になることがわかる。一方，奇数×奇数は，左上，左下，右上の区画におはじきが偶数個並ん

でいるのに対し，右下の区画に「●」が 1 つ存在することから，その結果が奇数になることがわかる。

　これらの規則性は，加法同様，m，n を用いて，次のようにも確認できる。

$$2m \times 2n = 2(2mn) \qquad 2m \times (2n+1) = 2(2mn+m)$$

$$(2m+1) \times 2n = 2(2mn+n) \qquad (2m+1) \times (2n+1) = 2(2mn+m+n)+1$$

②　3 を法とする剰余類

　では，3 を法とする剰余類 C_0，C_1，C_2 についてはどうか。

　まず，C_0，C_1，C_2 の加法の組み合わせは，C_0+C_0，C_0+C_1，C_0+C_2，C_1+C_0，C_1+C_1，C_1+C_2，C_2+C_0，C_2+C_1，C_2+C_2 の 9 通りある。これらの具体例として，例えば図 5-4 のものが考えられ，$C_0+C_0=C_0$，$C_0+C_1=C_1$，$C_0+C_2=C_2$，$C_1+C_0=C_1$，$C_1+C_1=C_2$，$C_1+C_2=C_0$，$C_2+C_0=C_2$，$C_2+C_1=C_0$，$C_2+C_2=C_1$ といった規則性が予想される。

C_0+3 :							C_0+4 :							C_0+5 :						
0	3	6	9	12	15	…	0	3	6	9	12	15	…	0	3	6	9	12	15	…
↓	↓	↓	↓	↓	↓		↓	↓	↓	↓	↓	↓		↓	↓	↓	↓	↓	↓	
3	6	9	12	15	18	…	4	7	10	13	16	19	…	5	8	11	14	17	20	…
C_1+6 :							C_1+7 :							C_1+8 :						
1	4	7	10	13	16		1	4	7	10	13	16		1	4	7	10	13	16	
↓	↓	↓	↓	↓	↓		↓	↓	↓	↓	↓	↓		↓	↓	↓	↓	↓	↓	
7	10	13	16	19	22		8	11	14	17	20	23		9	12	15	18	21	24	
C_2+9 :							C_2+10 :							C_2+11 :						
2	5	8	11	14	17	…	2	5	8	11	14	17	…	2	5	8	11	14	17	…
↓	↓	↓	↓	↓	↓		↓	↓	↓	↓	↓	↓		↓	↓	↓	↓	↓	↓	
11	14	17	20	23	26	…	12	15	18	21	24	27	…	13	16	19	22	25	28	…

図 5-4　C_0+3，C_0+4，C_0+5，C_1+6，C_1+7，C_1+8，C_2+9，C_2+10，C_2+11の結果

　ここでも，「●」と「●」のおはじきを用いて，9 通りの加法を表現してみよう。「●」を 3 対になるように並べ，「●」は剰余を表現するために並べると，9 通りの加法とその結果は，図 5-5 のように表現することができる。

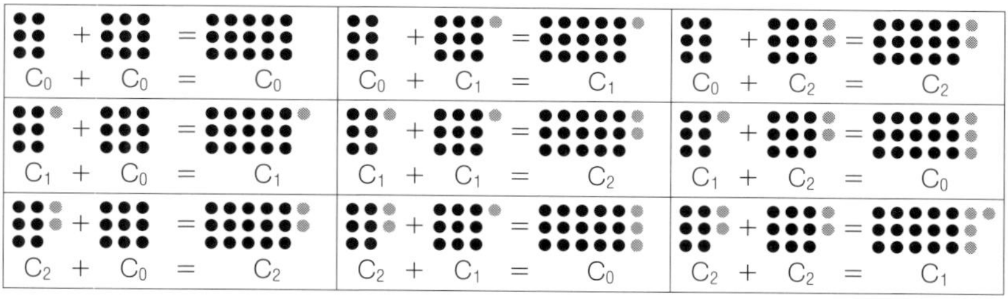

図5-5　3を法とする剰余類の加法についてのおはじきを用いた説明

　ここから，それぞれの加法の結果の「●」に注目すると，「●」がない，もしくは3つあるものは，3でわったとき余りが0となるので，C_0に属することがわかる。同様に，「●」が1つ，もしくは4つあるものはC_1に，「●」が2つのものはC_2に，それぞれ属することがわかる。したがって，先程予想した規則性が，こうしたおはじきの操作を通して確認することができる。

　それでは乗法はどうだろうか。乗法の組み合わせも，$C_0 \times C_0$，$C_0 \times C_1$，$C_0 \times C_2$，$C_1 \times C_0$，$C_1 \times C_1$，$C_1 \times C_2$，$C_2 \times C_0$，$C_2 \times C_1$，$C_2 \times C_2$の9通りである。これらの具体例として，例えば図5-6のものが考えられ，$C_0 \times C_0 = C_0$，$C_0 \times C_1 = C_0$，$C_0 \times C_2 = C_0$，$C_1 \times C_0 = C_0$，$C_1 \times C_1 = C_1$，$C_1 \times C_2 = C_2$，$C_2 \times C_0 = C_0$，$C_2 \times C_1 = C_2$，$C_2 \times C_2 = C_1$といった規則性が予想される。

$C_0 \times 3$:							$C_0 \times 4$:							$C_0 \times 5$:					
0	3	6	9	12	15	…	0	3	6	9	12	15	…	0	3	6	9	12	15	…
↓	↓	↓	↓	↓	↓		↓	↓	↓	↓	↓	↓		↓	↓	↓	↓	↓	↓	
0	9	18	27	36	45	…	0	12	24	36	48	60	…	0	15	30	45	60	75	…

$C_1 \times 6$:							$C_1 \times 7$:							$C_1 \times 8$:					
1	4	7	10	13	16	…	1	4	7	10	13	16	…	1	4	7	10	13	16	…
↓	↓	↓	↓	↓	↓		↓	↓	↓	↓	↓	↓		↓	↓	↓	↓	↓	↓	
6	24	42	60	78	96	…	7	28	49	70	91	112	…	8	32	56	80	104	128	…

$C_2 \times 9$:							$C_2 \times 10$:							$C_2 \times 11$:					
2	5	8	11	14	17	…	2	5	8	11	14	17	…	2	5	8	11	14	17	…
↓	↓	↓	↓	↓	↓		↓	↓	↓	↓	↓	↓		↓	↓	↓	↓	↓	↓	
18	45	72	99	126	153	…	20	50	80	110	140	170	…	22	55	88	121	154	187	…

図5-6　$C_0 \times 3$，$C_0 \times 4$，$C_0 \times 5$，$C_1 \times 6$，$C_1 \times 7$，$C_1 \times 8$，$C_2 \times 9$，$C_2 \times 10$，$C_2 \times 11$の結果

　ここでも，「●」と「●」のおはじきを用いて，9通りの乗法を表現してみよう。C_0を，「●」を3の倍数個並べた「●●●」や「●●●●●●」として

表現すると，「$C_1 = C_0 + 1$」という見方から，C_1 は「●●●◉」や「●●●●●●◉」として，また，「$C_2 = C_0 + 2$」という見方から，C_2 は「●●●◉◉」や「●●●●●●◉◉」として，それぞれ表現することができるので，9通りの乗法の結果は，図5-7のように表現できる。

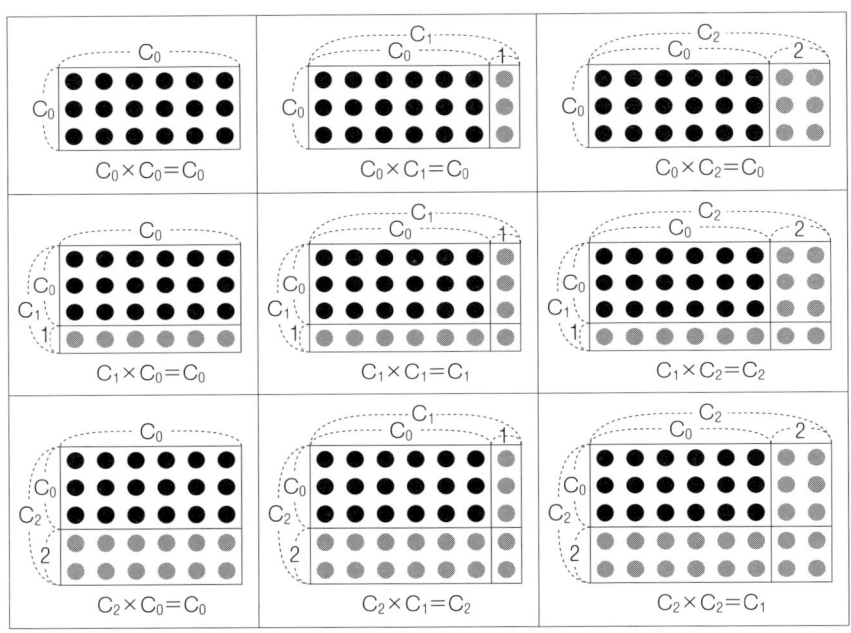

図5-7　3を法とする剰余類の乗法についてのおはじきを用いた説明

ここから，それぞれの乗法の結果の右下の区画にある「◉」の個数に注目すると，0個の場合は C_0，1個もしくは4個の場合は C_1，そして2個の場合は C_2 に，それぞれの結果が属することが分かる。

以上のことから，2を法とする剰余類（偶数，奇数）も，3を法とする剰余類（C_0，C_1，C_2）も，扱う数の組み合わせにより，加法や乗法の結果は，ある一定の規則に従いながら剰余類の間を移動する様子がみえてくる。そこで，そうした規則性を，まずは次の加法表，乗法表として整理しよう。

2 を法とする剰余類

加法表

+	偶	奇
偶	偶	奇
奇	奇	偶

乗法表

×	偶	奇
偶	偶	偶
奇	偶	奇

3 を法とする剰余類

加法表

+	C_0	C_1	C_2
C_0	C_0	C_1	C_2
C_1	C_1	C_2	C_0
C_2	C_2	C_0	C_1

乗法表

×	C_0	C_1	C_2
C_0	C_0	C_0	C_0
C_1	C_0	C_1	C_2
C_2	C_0	C_2	C_1

5 を法とする剰余類

加法表

+	C_0	C_1	C_2	C_3	C_4
C_0	C_0	C_1	C_2	C_3	C_4
C_1	C_1	C_2	C_3	C_4	C_0
C_2	C_2	C_3	C_4	C_0	C_1
C_3	C_3	C_4	C_0	C_1	C_2
C_4	C_4	C_0	C_1	C_2	C_3

乗法表

×	C_0	C_1	C_2	C_3	C_4
C_0	C_0	C_0	C_0	C_0	C_0
C_1	C_0	C_1	C_2	C_3	C_4
C_2	C_0	C_2	C_4	C_1	C_3
C_3	C_0	C_3	C_1	C_4	C_2
C_4	C_0	C_4	C_3	C_2	C_1

　これらの表からわかることとして，まず，ある数を法とする剰余類の集合について，加法と乗法のすべての結果が，その数を法とする剰余類の集合に含まれる（閉じている）ことがある。

　次に，各演算に対して，演算の相手に何も影響を及ぼさないもの（単位元）が存在することがわかる。例えば，2 を法とする剰余類では，加法に対しては偶数が，乗法に対しては奇数が，演算の相手に何も影響を及ぼしていない。また，3 を法とする剰余類では，加法に対しては C_0，乗法に対しては C_1 がそれにあたる。そして，偶数と C_0 は，それぞれの法において剰余が 0 であり，奇数と C_1 は，ぞれぞれの法において剰余が 1 という共通性を見出すこともできる。

　また，各演算に対して，演算の相手を単位元にするもの（逆元）も存在することがわかる。例えば，2 を法とする剰余類では，加法に対する偶数と奇数の逆元は，それぞれ偶数（偶数＋偶数＝偶数），奇数（奇数＋奇数＝偶数）であり，乗法に対する奇数の逆元は奇数（奇数×奇数＝奇数）となる。また，3 を法とする剰余類では，加法に対する C_0，C_1，C_2 の逆元は，それぞれ C_0，C_2，C_1 であり，乗法に対する C_1，C_2 の逆元は，それぞれ C_1，C_2 である。

　そして，どの表も左上から右下へ向かう対角線に対して対称（シンメトリ

一）であることがわかる。このことから，ある数を法とする剰余類の集合において，加法や乗法について交換法則が成り立つことがわかる。さらに，それぞれの演算に対する剰余類間の移動の様子を図5-8のような図に表してみると，さらなる対称性（加法には点対称，乗法には線対称）を見出すことができる。

　ある集合に対して何かしらの演算が与えられたとき，その集合を**代数的構造**と呼ぶ。代数的構造は，与えられた演算に関する閉性，単位元や逆元の存在，交換・結合・分配法則といった演算法則の成立などの観点から，その特徴が検討され，重要な代数的構造として，例えば，**群**（閉性，結合法則，単位元，逆元），**環**（加法に関する可換群，乗法に関する結合法則，分配法則），**体**（加法に関する可換群，乗法に関する群，分配法則）などがある。2や3を法とする剰余類の集合において，上記のように加法と乗法を定めると，それら演算に関して，単位元や逆元が存在し，交換・結合・分配法則といった演算法則が成り立ち，これは体という代数的構造の例となる。

　以上のように，数の世界の探究に更なる広がりをもたらすことからも，整数の集合の学習において，整除性だけではなく，剰余にも着目するのは意義深いことである。

> **問**　他の数を法とする剰余類の集合の代数的構造について調べてみよう。また，法とする数が素数の場合とそうでない場合のちがいを調べてみよう。

第5講　参考文献

大野清四郎ほか編（1970）『中学校数学教育現代化全書(3)数と構造』金子書房.

川口廷ほか編（1969）『算数教育現代化全書(2)数と計算―整数編―』金子書房.

辻吉雄ほか（1971）「初等・中等教育における代数構造の指導」『滋賀大学教育学部紀要　人文科学・社会科学・教育科学』21：154-162.

遠山啓（2011）『代数的構造』筑摩書房.

（木根主税・伊藤伸也）

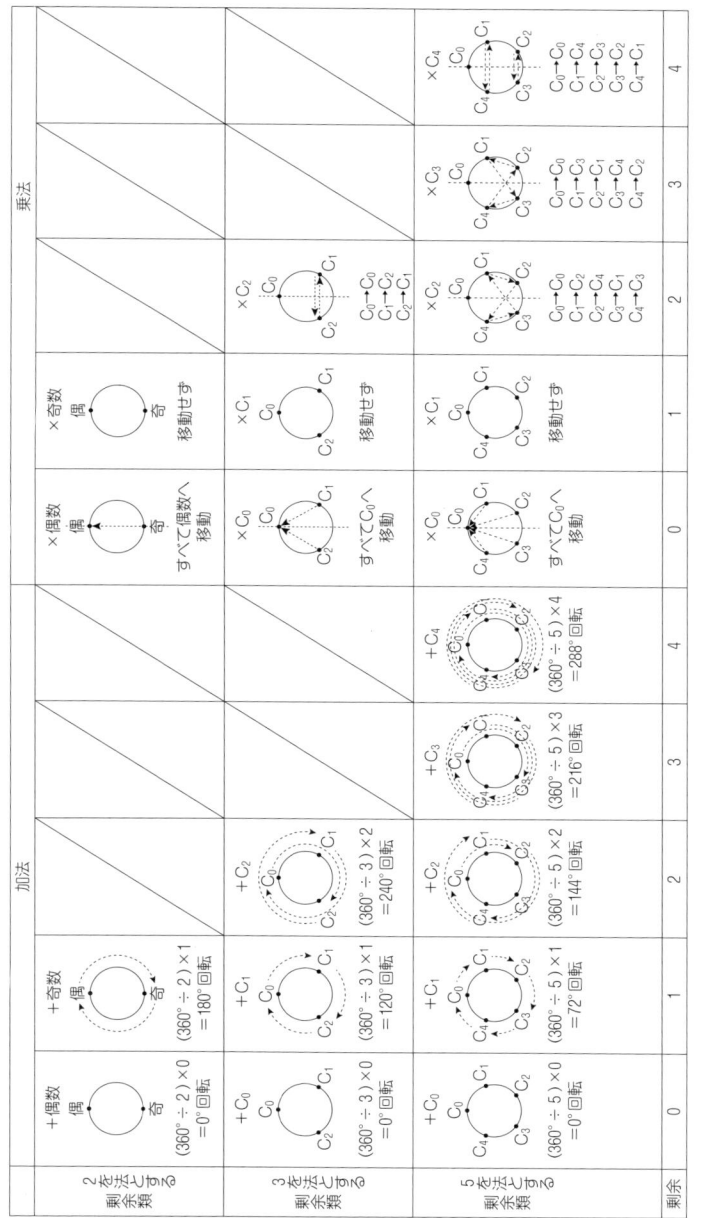

図5-8 2, 3, 5をそれぞれ法とする剰余類の加法と乗法に関する規則性

比較と測定

■ 量とは何か
■ 測定とは何か
■ 測定指導の4段階

算数では，様々な量（長さ，かさ，広さ，速さなど）を指導し，それぞれ
の量に応じた比較や測定の指導をへて単位を導入する。単位の導入では，
その単位を用いた数値化の仕方が問題となることがある。例えば，速さは，
「時速50km」のように，「単位時間あたりの距離」として数値化できる
が，なぜ「単位距離あたりの時間」として数値化しないのだろうか。

1. 量とは何か

1.1 量とはモノの属性である

われわれは，様々な量に囲まれて日常生活や学校生活をおくっており，普段
から量に関する様々な言葉を使っている。就学前の子どもであっても，「大き
い」「小さい」などの感覚や言葉は，ある程度備えているだろう。しかし，そ
もそも「量とは何か」と尋ねられると，それに答えることはそれほど容易では
ないように思われる。それは，量がモノそれ自体ではなく，ものの属性である
からであろう。また，量は数学の対象でもあるが，科学（物理学，化学）の対
象でもある。例えば，『岩波 理化学辞典』では，「量」は次のように規定され
ている。

「物理学，化学では，一般に数値または数値の組で表現されるものをいう。
その数値は用いる単位，座標系などによって異なるのがふつうである。

（中略）また物理学には量の差だけが意味をもつとして定義されるものもある。基本的量は測定に基づいて構成される場合が多いが，この場合数学的量の間の公理系に対応する関係を満たさなければならない。（後略）」

　この記述から，量とは，何らかの数値または数値の組で表現されるものであるということがわかる。またそうした数値化は測定に基づいて行われるため，「量とは測定の対象である」といえる。つまり，測定（「比較」を含む）が可能でないものは（未だ）量とは見なされないということである。一方，現実世界において，ある対象（未測量）について，測定や比較を行おうとするとき，その対象のもつ属性の特定が問題となる。現実世界にあるモノ（対象）は通常多様な属性を備えているからである。例えば，「鉛筆」というモノ（対象）は，しばしば「長さ」という量を連想させるかもしれないが，他にも「色」「匂い」「重さ」「硬さ」など様々な属性を備えている。その中には測定や比較が可能な属性もあれば，必ずしも測定や比較が可能でない（または容易でない）属性もある。したがって，量の指導においては，その対象のもつ様々な属性の中から，測定や比較が可能なある一つの属性に着目することが重要となる。

1.2　量の性質

　量にはいろいろな性質がある。ここでは，次のような3つの性質をみていく。これらの性質を満たしているかどうかで量を分類・整理することができる。

　　① **比較可能性**：大小が比べられること（量の定義）
　　② **加法性**：2つの量を結合して1つの量にできること
　　③ **等分可能性**：量は必要に応じていくらでも等分できること

　①は，あらゆる量が満たすべき性質であり，上述した「量とは測定（比較）の対象である」という規定とも符合している。比較可能性とは，2つの量A，Bについて，大小関係（A＞B，A＜B）や相等関係（A＝B）が成り立つことを意味している。このときAとBは同種の量でなければならない。②③は，必ずしもすべての量が満たす性質ではない。②を満たす量を**外延量**，満たさない量を**内包量**ということがある。外延量の例は，長さ，かさ，広さ，時間，重

さ，などであり，加法性が成り立つ。内包量の例は，速さ，密度，濃度，打率，などのように，2つの外延量の商として表されるため，加法性が成り立たない。例えば，濃度50％の食塩水と濃度10％の食塩水を合わせても濃度60％にはなるとは限らない。しかし，後述する「速さ」（相対速度）のように，現実には，内包量であっても足し算を考えることもあるため，外延量と内包量の区別は必ずしも明確でない場合もある。

　次に③を満たす量を連続量，満たさない量を離散量（または分離量）という。離散量は，1個，2個，3個，……などのように数えられる個数のことであり，その一つ一つ（individuals）は，それ以上分割することはできない。長さやかさなどの連続量は，必要に応じて好きなだけ細かく分割することができる。ここで，連続量に関しては，数学的に注意しなければならないことがある。数学的には，等分可能性のことを（「連続性」ではなく）稠密性という（第4講参照）。量の稠密性とは，「異なる任意の2つの量に対して，その中間の大きさの量が存在すること」である。したがって，数学的には，③を満たす量は，連続量ではなく「稠密量」というべきであろう。また③を満たす量は，分数で表すことのできる量（有理量）であるが，連続性は分数で表すことのできない量（無理量）を含めるときに要請される性質である。しかし無理量の測定では，理論上は可能であるが，共通の単位が存在しないため，実際上はある有限の桁数の近似値をとらざるを得ない。その意味で，実際上の測定においては，数学的に厳密な連続性までを要請されることはない。算数における連続量とは，分数で表すことのできる有理量（稠密量）を指している。

　こうした量の性質や分類をみると，量概念は数概念と密接に関わっていることがわかる。平林（1994）は，量の世界（量概念）とそれを処理する数理モデル（数概念）の関係を図6-1のように図式化している。離散量（分離量）の世界とは，個数の世界を意味しており，それは数概念でいえば自然数に対応している。算数では，0と自然数を合わせて整数 *whole number* というが，整数の大小関係や四則計算は，離散量の世界を読み解くために必要な知識・技能であるといえる。図6-1では稠密量の世界が点線で表されているが，これは量の世界，つまり現実の世界では，稠密量と連続量を区別することができないか

らである。むしろ両者の区別はそれらに対応する数概念（数理モデル）によって理論的になされると考えてよい。連続量の世界は，数概念でいえば，正の実数に対応している。実数は，有理数と無理数を合わせた数概念である。例えば円周率 π は無理数であるが，算数ではそれに近似的な有理数（3.14）を用いている。このように，実用的には，連続量を扱う上でもそれに近似的な稠密量を考えれば十分である。算数で学ぶ数概念は 0 と正の有理数（分数・小数）までであるが，小数・分数の大小関係や四則計算は，連続量の世界を読み解くために必要な知識・技能であるといえる。

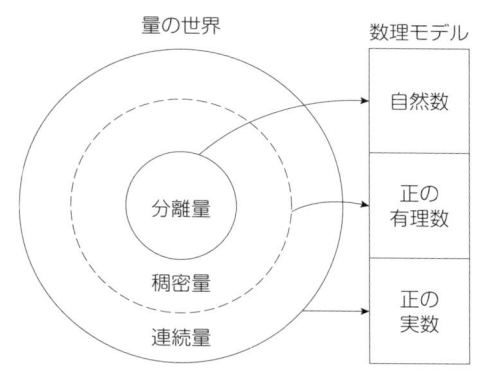

図6-1　量の世界と数概念との関わり（平林，1994：61）

1.3　量の保存性

　上で述べた量の性質には含めなかったが，量概念の形成にとってもうひとつ重要な性質がある。それは**量の保存性**である。量には，その形や位置を変えてもその大きさは変わらないという性質がある。例えば，粘土玉であれば，ソーセージ型に細長くのばしても，ホットケーキ型に平たくしても，粘土玉の重さは変わらない。ピアジェ＆インヘルダー（1965）は，長さ，広さ，かさ，重さなど様々な量について，量の保存性に関する実験を行い，保存性の認識が，子どもの量概念の形成にとって重要なポイントになることを明らかにしている。特に，かさ（液量）の保存課題は有名である（図6-2）。図6-2の課題の場合，「水の量が変わった」と見なしてしまう子どもは，「移し変えても水の量が変わらない」という保存性の認識よりも，移し変えによって生じる A と B′ の水位

の差異（順序的特性）の認識の方が優勢であると解釈される。

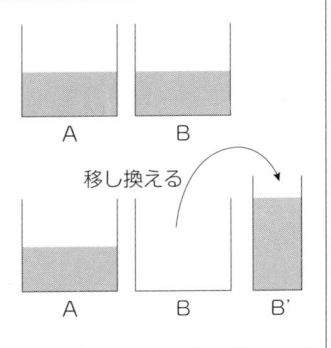

確認：同形同大の透明な容器 A，B に同じ高さまで水
　　　を入れ，A と B とで同じだけ水が入っているこ
　　　と（A＝B）を子どもに確認させる。
変換：A，B より細い（あるいは太い）容器 B′ を用意
　　　し，子どもの見ている前で，B の水を B′ へ移
　　　し替える（A はそのまま）
質問：子どもに A と B′ とではどちらのほうが水が多
　　　いか（あるいは，どちらのほうがたくさん飲め
　　　るか），それとも同じかを問う。

図 6 - 2　液量の保存課題（ピアジェ，2007：61）

2．測定とは何か

2.1　測定とは対象に数値化を図ることである

　「測ること（measuring）」は，人間の最も初源的な活動の一つであり，「数えること」や「位置づけること」などと並んで普遍的な数学的活動の一つである（ビショップ，2011）。しかし，「量とは何か」の問いと同じく「測定とは何か」の問いに答えることは容易ではない。『岩波 理化学辞典』では，「測定」とは次のように記されている。

　　　「ある量を実験的方法により数値と単位で表す操作。量と数値の対応関係をきめる規則を測定の尺度（scale of measurement）といい，多くの場合単位の量を定義によってきめ，単位量との比の数値によって表す比尺度が用いられる。（後略）」

　要するに，測定とは，ある対象 A（未測量）に対して，A の大きさ（長さなど）に着目し，ある単位を決めることにより，その単位量との比を 1 つの数値 m(A) で表すことであるといえよう。このとき，対象 A は，色や形や匂いなど様々な属性を有しているかもしれないが，大きさという特定の属性のみに着目し，その他の諸属性を捨象している点が重要である。このように測定とは，

対象に数値化を図ることであるといえる。そうした測定によって得られた数値 m(A) のことを**測定値**という。また，単位については，「ある種類の量（例えば長さ）を数値で表すために，比較の基準として用いられるもので，大きさが約束されている同種の量（例えばメートル）を，その種類の量（長さ）の単位という」（『岩波 理化学辞典』）とある。

　こうした測定の操作が可能であることを保証するものとして，アルキメデスの公理がある。アルキメデスの公理は，量の加法性に基づいており，測定しようとする量の大きさを D，単位の大きさを U とすると，「$kU \leqq D < (k+1)U$」を満たす自然数 k が存在するというものである。なお，このような考え方は，基本的に（離散量ではなく）連続量に対して適用される。

2.2　測定の方法

　ここまで測定の意味やそれを保証する原理（公理）について述べてきた。実際に，測定を行うときには，何らかの計器を用いることになる。例えば，ものさしによる長さの測定，秤による重さの測定，時計による時間の測定，分度器による角度の測定などである。これらの測定の方法は，**実測**ないし**直接測定**と呼ばれる。つまり，測定量を同種の基準量と比較し，等しいと判断される基準量の数値をもって測定値とする方法である。

　しかし，測定計器を用いて実測することが困難な場合もある。例えば，円周の長さを実測によって求めることは容易ではないだろう。このような場合は，測定値と一定の関係にあるほかの量について直接測定を行い，その結果から計算によって測定値を導き出す方法が採用される。このような測定の方法を**間接測定**という。例えば，円周と一定の関係（比例関係）があり，円周よりも調べやすい円の直径を直接測定し，その測定値を基に「(円周) ＝ π ×(直径)」という計算によって円周の測定値を得るのである。図形の求積公式などは，こうした間接測定のアイデアが基盤となっているといえる。

3．測定指導の 4 段階

　測定活動と量概念の形成は密接不可分の関係にあるため，量概念が形成され

てから測定活動を行うのではなく，むしろ測定活動を通して量概念の形成が図られると考えられる。そのため算数における測定指導は，4つの段階（直接比較，間接比較，任意単位による測定，普遍単位による測定）を通して展開される。ここでは「長さ」を例として，測定指導の4段階およびその数学的背景を解説する。

　算数において長さは，すべての量概念の形成や測定活動の基本となる重要な教材である。このとき，長さが他の量に対して，どのような特徴を有するかを吟味することは，長さだけでなく，他の量の測定を理解する上でも有益であろう。長さは，対象（未測量）の有する属性の一つであるが，長さを属性として有する対象には，次の2つの特徴がある。

　　・対象の属性が視覚的である
　　・対象は，（たわむ，ゆるむといった変形を除いて）それ自体として変形
　　　しない

　これに対し，例えば，かさ（体積）については，液体のように対象の属性が視覚的であるものの，対象がそれ自体として自然に変形する。もちろん，液体という対象の属性として長さに着目することも可能である。例えば，コップ等の容器に入った液体の「高さ（長さ）」に着目することもあるが，これは液体の属性というよりは，容器（コップ）の属性に着目しているといえよう。また，重さについては，対象の属性が視覚的ではない。発砲スチロールのように軽くても大きなモノもあれば，鉄球のように小さくても重いものもある。

　子どもは就学前から何らかの対象に対して「長い‐短い」「高い‐低い」「太い‐細い」などの言葉を感覚的に使用してきている。測定指導の初期では，こうした言葉がどれも「長さ」という大きさ（属性）を有する対象に対して用いられていることを理解させることが重要である。その上で，その対象のもつ特定の属性に着目し（同時に他の属性は捨象し），比較という活動を通して対象間の長さに関する順序性（大小）を決定することになる。

① 直 接 比 較

　直接比較とは，2つの長さ A, B を比べるとき，端をそろえたり，重ね合わ

せたりすることによって，A<B などと大小を判断する方法である。このとき，対象が鉛筆などのように細長い形状であれば，端をそろえることに注意すればよい。しかし，対象によっては異なる部分の長さや長さ以外の量の大きさなどと混同することも考えられる。したがって，直接比較においては，対象のおかれる状況をそろえる（同じ条件で比べる）ことの認識が重要である。

② 間 接 比 較

　間接比較は，2つの長さ C，D を比べるとき，第3の長さを媒介物として長さ C に等しい C′ をとって直接比較を行い，C＝C′ と C′>D から C>D を推論することによって大小を判断する方法として，実際に行われることが多い。本来，間接比較とは，数学的には**推移律**という推論が成り立つことに基づいている。このとき，媒介物を動かしても長さ C′ が保存されることの認識が重要である。このことは，例えば，板の縦の長さと横の長さのように2点間の距離どうしを比べる際にはあまり問題とならないが，図6-3のように，2つの対象の太さを比べる際には，媒介物となるひもや糸を動かしても，その長さが保存されることを意識づけたい。間接比較は，C と D の直接比較をする代わりに，媒介物 C′ を用いて D の直接比較を行う。したがって直接比較と同様に，比較の物理的条件をそろえる（ひもや糸のかけ方，など）について留意する必要がある。一方，間接比較の本来の意味は，上述の通り媒介物を用いた物理的な間接性ではなく，推移律という推論に基づいているということである。もともと比較の対象であった2つの長さ C と D について，媒介物 C′ を用いて「C＝C′

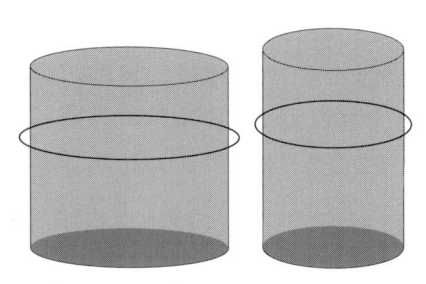

図6-3　間接比較における媒介物

と C'>D」にとどまるのではなく,「C＝C' と C'>D から C>D を推論する」という一連の過程を重視することが必要である。

③ 任意単位による測定

　直接比較や間接比較は, 2つの量の大小を調べる方法ではあるが測定ではない。間接比較においては, 2つの対象 A, B の大小（順序）を考える際, 媒介 C を用いて「A<C<B」の関係を決定する。このとき, |A−C| と |B−C| の差同士の比較の扱いが問題となる。例えば, 図 6-4 のように, A は C より「ちょっとだけ小さい」が, B は C より「かなり大きい」という関係があるとき,「ちょっとだけ」や「かなり」といった判断の基準が必要となる。ここに至って初めて, 測定指導の段階を比較から測定へ移行する必要性が生ずるのである。

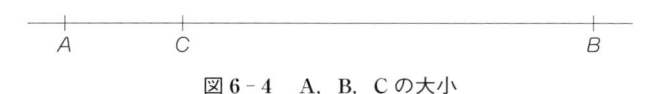

図 6-4　A, B, C の大小

　比較の活動から測定の活動へ移行する際に重要となるのが単位と数値化のアイデアである。ある量を数値化するための基準として恣意的に選ばれた単位を**任意単位**といい, 量の大きさを任意単位のいくつ分（何倍）として数値化する方法を**任意単位による測定**という。しばしば, 間接比較の段階から任意単位による測定の段階への移行が不連続となることが見られる。学習指導にあたっては, 上述のような移行の必要性が学習者に実感できるような場面の設定を大事にしたい。

　また, 任意単位であっても, それを単位とするからには, ある程度の合理性がなければならないだろう。適切な単位の選択は測定活動にとって不可欠である, 測定しようとする対象の特徴を考慮して適切性を判断することが重要となる。例えば, 長さの任意単位として教具のブロックや子どもの手幅を選択すれば, 測定しようとする量を任意単位のいくつ分として数値化することができる。それにより, 直接比較や間接比較とは異なり, 数値のみによる大小の判断が可能となるだけでなく, その数値を用いた計算が行えるようになる。

④ 普遍単位による測定

　任意単位による測定の難点は，任意単位の社会的通用性に限界があり，個人や集団によって測定値が変わってしまうことにある。加えて，通常任意単位は，後述する普遍単位と異なり補助単位をもたないことから，測定そのものに限界が生じやすい（分離量としての測定）。一方，ある量を数値化するための基準として歴史的・社会的に承認された単位を**普遍単位**という。また，普遍単位に基づく実測や計算により量の大きさを数値化する方法を**普遍単位による測定**という。測定指導で用いられる普遍単位は学習指導要領に定められているが，本来，何をもって普遍単位を決めるかという問題は自明ではない。例えば，小学校では角の大きさの普遍単位として度数法（°）を用いるが，高等学校の数学では，弧度法（ラジアン）を用いる場合が多い。また，長さの普遍単位（メートル法）について，わが国の場合，メートル条約に加盟したのは1985年であったが，旧来の尺貫法が廃止されたのは1959年のことであった。普遍単位の指導においては，単位を選定する際の合理性に加えて，社会的知識としての普遍単位の価値を子どもが認識できるように配慮することが重要である。

4．様々な量の比較と測定

4.1　かさ，広さの比較と測定

　「かさ比べ」や「広さ比べ」においては，間接比較と任意単位による測定がより一層連関するものとして位置づけられる。それは，以下の理由による。例えば，「かさ比べ」において，形状の異なる容器のかさを比較するとき，通常，直接比較を行うことは困難である。このとき，共通の容器（媒介物）に移し替えて比較することが行われる。これは，はじめの対象 A, B を直接比較できないため，媒介物 C を用いて，$A = mC$，$B = nC$（m，n は自然数，$m < n$）のとき，$(A =) mC < nC (= B)$ を決定していることにほかならない（前節の「間接比較」の項も参照）。ここで重要となるのは，媒介物 C の選択であるが，それは同時に任意単位の選択を含意する。このように測定指導の 4 段階の様相は，量の種類によって異なるため，その量の特性に応じた指導が必要となる。

　「広さ比べ」において，図 6-5 のように 2 つの対象 A, B の直接比較を行う。

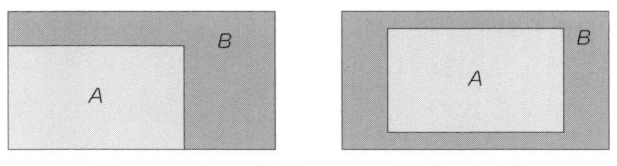

図6-5　広さの比較における「全体と部分」

このとき A と B の順序性（大小関係）を「全体と部分」の関係としてみれば，「A が B に含まれる」という見方ができる。前節で，長さの直接比較においては，端をそろえるなど，2つの対象を同じ条件下におくことが重要であると述べたが，広さの場合は，端をそろえている場合でも，そろえていない場合でも大小を判断する上で支障はないようにみえる。しかし A と B の差に注目すれば，差に相当する広さが「まとめられている」方が，次に続く段階（任意単位による測定や普遍単位による測定）にとって都合がよい。このことは，前節で述べた比較から測定の指導へ移行する必要性に関連している。つまり量の加法性を考慮するとき，「全体と部分」の関係から図6-5の左図の方が $|B-A|$ の大きさを数値化するために必要な単位を比較的に導出しやすい。なぜならば，そのような単位は，差の部分を上手く数値化することが要請されるため，A が任意の位置に（B に含まれるように）置かれるよりも，端をそろえることによって，どのような共通の大きさが単位として機能するか把握しやすいからである。これにより，「どちらがどのくらい大きいか」という点に着目しやすくなるため，B＞C のような第3の対象 C を含めた3つの対象の比較を行う際にも有用である。このように比較の指導においても，その後の測定の指導への展開を念頭におき，順序性（大小関係）や加法性（演算可能性）の扱いを考慮することが重要である。

4.2　内包量の比較と測定

　ここまで述べてきた比較や測定の対象は，長さ，かさ，広さ，重さ，など加法性を有する外延量であった。一方，算数では，加法性を有していない内包量も指導する。通常，内包量は，2つの外延量の商（比）として表される。例えば，速さは，時間と距離（長さ）という2つの外延量（連続量）から数値化さ

れる内包量である。一方，混み具合（人口密度など）は，面積と人数という2つの量の比として表されるが，面積は連続量であり，人数は離散量である。また，内包量の中には，打率のような同種の量の比として表されるものもある。このように内包量の数値化は，割合や比例の概念と密接に関連している（詳しくは第8講を参照）。

　速さの比較や測定においては，外延量の場合とは異なる量感や数値化のアイデアが要請される。「速い‐遅い」という感覚や言葉は子どもも早くから備えているだろう。しかし，速さの数値化を図るとき，何を単位として設定するかが問題となる。つまり「距離÷時間」（単位時間あたりの距離）として数値化するのか，「時間÷距離」（単位距離あたりの時間）として数値化するのかの選択の問題である。日常生活では，いずれの数値化の方法も用いられている。例えば，陸上競技（例えば，100 m 走）では，単位距離あたりの時間が短い方が「速い」。一方，道路標識にみられる制限速度（時速）50 km は，単位時間あたりの距離を示している。もちろん，速さの普遍単位としては，「距離÷時間」（単位時間あたりの距離）を指導するのであるが，その根拠を明確にすることが重要である。そうした根拠として，しばしば「速いほど数値が大きくなるから」が採用されうるが，その背景には相対速度の加法性（演算可能性）が考慮されている。

> 問1　かさ，広さ，重さ，角の大きさそれぞれについて，「測定指導の4段階」に基づくと，どのような比較や測定の活動が考えられるか，述べよ。
> 問2　メートル法の歴史について調べてみよ。

第6講　参考文献

伊藤説朗（1991）「量と測定（低・中学年）指導の問題点とその考察」古藤怜・伊藤説朗（編）『新・算数指導実例講座　第5巻』金子書房：41-67.

伊藤説朗（2004）『算数のプロになるための12章』明治図書.

オールダー，K.（吉田三知世訳）（2006）『万物の尺度を求めて』早川書房.

真野祐輔（2012）「量と測定の指導内容」赤井利行（編）『わかる算数科指導法』東洋館出版社：65-75.

杉山吉茂（1991）「量と測定（高学年）の指導内容の概観」杉山吉茂・片桐重男（編）
　　『新・算数指導実例講座　第 6 巻』金子書房：3-31.

長倉三郎（編）（1998）『岩波 理化学辞典』岩波書店.

長谷川順一（2002）「測ることの学習指導（量と測定）」植田敦三（編）『算数科教育
　　学』協同出版：74-82.

ピアジェ，J.（中垣啓訳）（2007）『ピアジェに学ぶ認知発達の科学』北大路書房.

ピアジェ，J. & インヘルダー，B.（滝沢武久・銀林浩訳）（1965）『量の発達心理学』
　　国土社.

ビショップ，A. J.（湊三郎訳）（2011）『数学的文化化』教育出版.

平林一栄（1994）「算数教育における数学史的問題—「量」に関連して—」『皇學館大
　　学講演叢書第75輯』皇學館大学出版部.

前田隆一（1962）「量の概念の解説」赤羽千鶴ほか（監修）『新算数教育講座　第二
　　巻』吉野書房：10-78.

溝口達也（2012/2020）『算数・数学教育概論』福井印刷.

（真野祐輔・溝口達也）

■ 面積・体積の基本的性質
■ 面積・体積の数学的構成の困難
■ 面積と相似
■ 平行四辺形の面積
■ 台形の面積公式
■ 角錐の体積公式
■ 円の面積公式
■ 公式と導出

三角形の面積を求めるとき，どの底辺と高さで求めても同じになるのは自明なことだろうか。

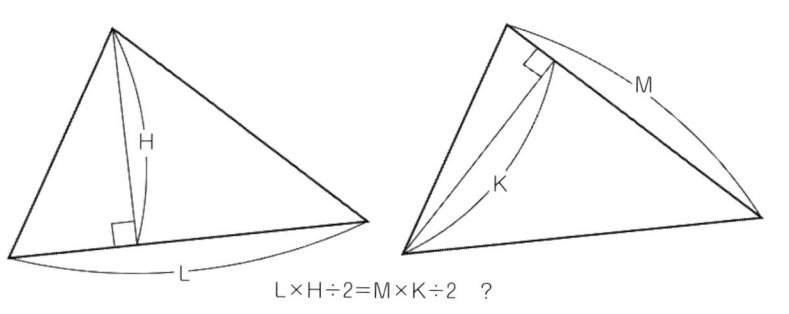

$$L \times H \div 2 = M \times K \div 2 \quad ?$$

1．面積・体積の基本性質

　三角形の面積を求める際，どの辺を底辺として求めても同じ三角形の面積になるのだから，計算結果が同じになるのは当然のことと思うかもしれないが，それは「面積」という概念が存在することを疑念無しに受け入れているためで

ある。面積とは何だろうか。子どもはもちろん，大人であっても，面積とは「広さ」のことだろう，と素朴概念を鵜呑みにしてしまうことが多いが，そもそも「広さ」という概念は数値化できるものなのだろうか。同じことは体積についてもいえる。実は，突き詰めて考えていくとそのような「広さ」「大きさ」といった素朴概念が「面積」・「体積」として厳密に数値化できることはあまり当たり前ではないのである。

　まず，小学校での学習を追って，「広さ」という素朴概念がどのように組織化され「数値化」されていくのかを追ってみよう。学習指導要領（文部科学省，2017）によれば，小学校の 1 年生の段階では， 2 つの図形の直接比較による「広さ（面積）」の比較が行われる。つまり，ここでは 2 つの図形の一方が他方を完全に包含するとき，包含する図形の方が「広い」「大きい」とするのである。

　その次は， 4 年生の段階で， 1 cm 四方の正方形を $1 \, \mathrm{cm}^2$ とすることで面積の単位が導入され，このことから，辺長が整数値の長方形については，その面積が「縦の長さ×横の長さ」で求められることが協定される。平行移動で面積が不変であることを認めれば，辺長が単位分数の長方形に細分することで，辺長が有理数の長方形についても，面積が「縦の長さ×横の長さ」で求められることが認められる。実は，この議論だけでは，辺長が有理数でない場合に長方形の面積公式が成り立つことは立証されないのだが，中学校以後はこの素朴な長方形の面積公式がどんなときでも成り立つと暗黙裡に仮定されていく。

　5 年生段階では，三角形や平行四辺形・台形等の種々の面積公式が導入されるが，こうした面積公式の根拠となるのは，長方形の面積公式および，「広さ」としての面積が暗黙裡にもつと仮定される次の 2 つの性質である。すなわち，多角形を線分でいくつかに切り分けたとき，もとの図形の面積は切り分けた図形の面積の和になること，そして，合同な図形どうしは面積が等しいことである。

　こうしてみると，小学校での「面積」の指導では，面積という図形の数値指標が満たすべきいくつかの性質を，公理のように使っており，これらは「広さ」という素朴概念のイメージから暗黙裡に認められている。それらの基とな

る性質をまとめておこう。

1．平面図形の面積は 0 以上であり，空集合の面積は 0 であること。（面積の非負性）

2．図形 P が図形 Q を含むとき，（P の面積）$\geqq$（Q の面積）となること。

3．平面図形 P を，互いに共有部分の無い有限個の図形 P_1，$\cdots$，P_m に分けたとき，P の面積は P_1，$\cdots$，P_m の面積の和になること。（面積の有限加法性）

4．合同な図形の面積は互いに等しいこと。（合同な図形の等積性）

このような性質をみたす数値指標のことを（有限加法的）測度という。小学校で学習する「面積」という測度は，これに長方形の面積公式を加えて，規定されるものとなる。

問1　上の性質 2 を，性質 1 と 3 を用いて示せ。

問2　線分の「面積」は 0 であることを，性質 1，2 と長方形の面積公式を用いて示せ。

（このことから，多角形を線分で分割するとき，境界の重なりは無視してよいことがわかる。）

上の性質で「平面」を「空間」に，「面積」を「体積」に，そして，「長方形の面積公式」を「直方体の体積公式」に書き換えれば，空間図形に対する「体積」という測度の規定になる。

2．面積・体積の数学的構成の困難

ここまで「面積」という測度が満たすべき条件のみを並べてきたが，問題となるのは，そのような諸性質を満たすように各々の図形に「面積」を定めることが可能なのか，という点である。実際，こうした諸条件をみたす測度を構成し，存在を示すことは意外なほど難しく繊細な内容なのである。

ここでは詳細は述べないが，標準的な構成のアイデアだけを提示しておこう。素朴な方法は，座標軸を一つ固定し，座標軸に沿った長方形（直方体）を組み合わせた図形（図の m と M）で内側と外側から測定したい図形 F（図中の灰

色部）を近似する方法である（図7-1参照）。長方形を組み合わせた図形の面積は，測度のもつ基本性質と長方形の面積公式から決まってしまう。また，基本性質からFの面積は，ｍの面積以上であり，Ｍの面積以下であることがわかる。内側から近似する面積の上限と，外側から近似する面積の下限が等しくなったとき，それを図形Fの面積と定めるのである。この方法で構成される測度のことをジョルダン（Jordan）測度という。

　注意したいのは，ここでは数値指標を一つ構成してみせる必要があるため，座標軸は一つに固定せざるを得ないことである。そのため，斜めに配置された長方形の面積をこのように定めたとき（図7-2），「縦×横」の面積に等しくなることを証明する必要がある。これは少なくとも，自明なことではない。

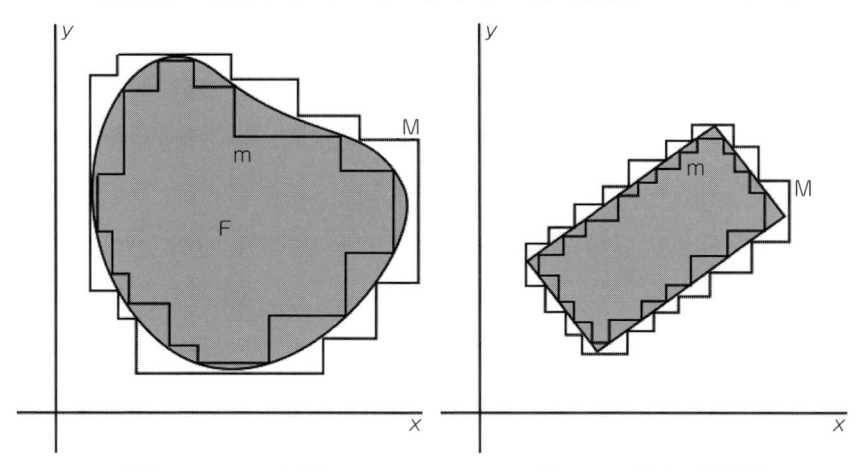

図7-1　Jordan 測度　　　　　図7-2　斜めの長方形

　さらにこの方法で，どのような図形でも面積や体積が決まるのか，という問題がある。実は，例外的な図形を考えると，上記の方法では体積や面積が定まらない図形が存在する。数学では，そのような図形に対しても，なるべく面積や体積が定まるように，測度の定め方を拡張してきた。しかしながら，実際にはどのように拡張をしようとしてもうまく体積が決められない図形が存在することが知られている[*]。例えば，そのような奇妙な図形を用いると，体積が1の立方体を有限個に分けて組み合わせ直すことで，体積が1の立方体2つにする

ことが（数学的には）可能になってしまう。これはバナッハ・タルスキ（Banach-Tarski）のパラドックスとして知られている（cf. Wagon, 1985: Chap. 3）。

＊実は，平面図形に対しては Jordan 測度を拡張した「有限加法的測度」をすべての平面図形に対して定めることが可能である（cf. Wagon, 1985: Chap. 11）。

3．面積と相似

　前節では面積や体積という数値指標の存在を数学的に示すことの困難性を述べたが，安心してほしい。そうした例外は極めて病的に構成された特殊な図形であり，多角形や多面体，曲線や曲面で覆われた図形など，通常私たちが算数や学校数学で学習するような図形ではそのようなことは起きない。かくして，少なくとも多角形や円にはきちんと諸性質を満たすように面積を定めることができ，後述するようにそこから種々の図形の面積公式を導くことができる。よって，この章の冒頭で述べた「どの辺を底辺として三角形の面積を計算しても同じ結果となること」はもちろん正しい。だが，背景的には面積という数値指標の存在に依拠しており，これはそれほど自明なことではないのである。

　ところで，確かに一般の図形に関する面積の基礎理論はかなり大がかりであるが，実は多角形に関わることに限定するならば，面積を用いて示される諸性質は，ほとんどが相似を用いても示すことができることは考慮に値する。

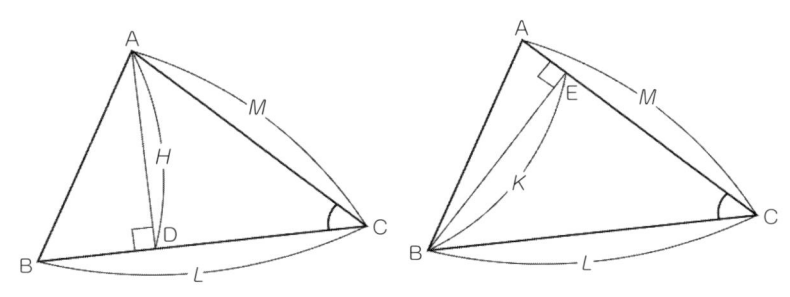

図 7 - 3　相似による説明

　本講の冒頭に提示した三角形の面積がどこを底辺として計算しても同じになることについても同様で，例えば図 7 - 3 のように各点に A〜E の名前を付けたとき，三角形 ADC と三角形 BEC は，一つの鋭角を共通にもつ直角三角形

となるので，相似となることがわかる。そのことから，M：L＝H：K が得られ，それゆえに L×H/2＝M×K/2 が成り立つ。ただし，相似概念や，三角形の相似条件に関する定理を基礎理論から構築する際にも，一般の測度論ほどではないにせよ，若干の解析的議論が必要となることは注意しておこう。

4．平行四辺形の面積

　第 1 節で述べた面積の基本性質を用いることで，基本的な図形の面積公式を導くわけだが，その順序は大別すると次の 2 つに分けられる。

　　1．長方形→三角形→平行四辺形→台形
　　2．長方形→平行四辺形→三角形→台形

すべての多角形は三角形に分割することができるという意味で，三角形は基本的な図形であるから三角形から指導する，という考え方もあるだろうが，ここでは後者の順で見ていこう。

　面積という数値指標の存在と基本的性質を認めているのであるから，例えば図 7 - 4（左）のように平行四辺形の一部（直角三角形）を水平に平行移動することで長方形に等積変形すれば，「面積＝底辺×高さ」の公式を導出できるように思われる。しかし，中央のような縦に長い平行四辺形では，直接この方法が使えないことは注意を要する。この際は，移動する直角三角形が平行四辺形からはみ出しているためである。そうした場合にどうすればいいかと問うと，中には，図（右）のように別の辺（b）を底辺として求めればいいと答える児童（場合によっては，大人も）もいるだろう。しかし，それは問題を取り違えている。問題は，「（短い a の辺を底辺としても）底辺×高さで面積が求められることを示すにはどうすればいいか」であって，中央のような図の場合に「どうやって面積を求めればいいか」ではない。

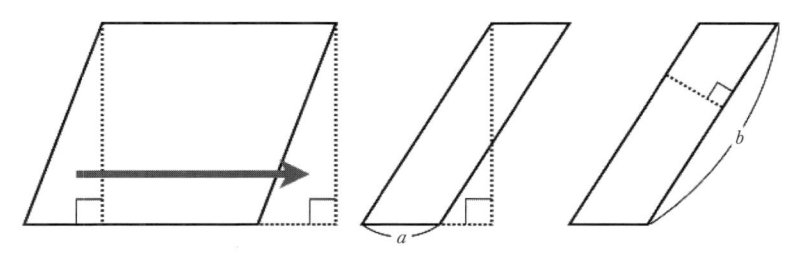

図 7 - 4　平行四辺形の面積

方法はいくつかある。例えば，次のような方法が考えられる。

1．図 7 - 5（左）において，P と R を合わせた三角形と Q と R を合わせた三角形は互いに合同となるので等積であり，等しい図形 R を取り除けば，P と Q の面積が等しいことがわかる。よって，平行四辺形は a を底辺とする図の長方形に等しい。

2．平行四辺形を，底辺に平行な直線でいくつかの横長な平行四辺形に分割し，それぞれの小さな平行四辺形を長方形に等積変形してから積み上げなおす（図 7 - 5（中央））。

3．図 7 - 5（右）のように，平行四辺形を対角線で分割して，分割された一方の三角形を水平に平行移動することで，平行四辺形の上下の辺の「ずれ」を，辺 1 つ分だけ減少させることができる。どれだけ上下の辺が水平方向にずれていても，この方法の繰り返しで最初の図 7 - 4 の方法を適用可能にすることができる。

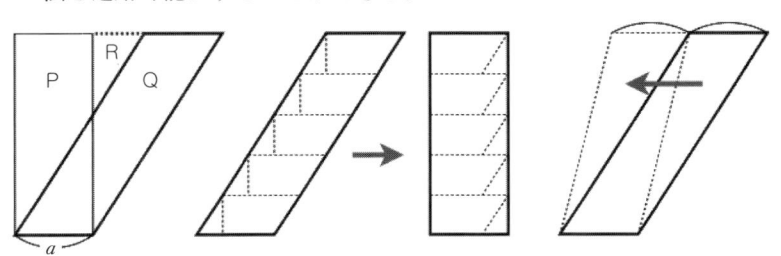

図 7 - 5　縦長な平行四辺形の面積

ところで，以前に次のような方法での説明を見たことがある。図 7 - 6（左）のように，斜めに細長い平行四辺形を底辺の幅で縦に分割して組みなおす。す

ると，ぴったりと長方形にすることができるのである。

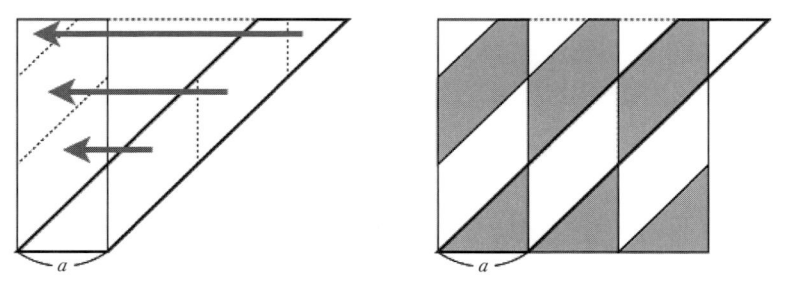

図 7 - 6　　縦長な平行四辺形の面積を組みなおす

　これを実際に画用紙で実演すると，その最後の一片までがぴったりと隙間な
く組み合わさって華麗ではあるのだが，一方で，何故このように上手くいくの
だろうか，という疑問も湧き上がる。その意味で，この説明は見事ではあるも
のの，このままでは図 7 - 5 で示した説明とは本質的に異なる部分がある。ど
んな場合でもこの方法で上手くいくことの原理的な説明が足りないのだ。
　実際には，どんな場合でもうまくいくことを次のように説明することができ
る。図 7 - 6 （右）のように，平行四辺形の上下の辺を延長した平行な 2 直線
で挟まれた領域を，底辺 a をもつ長方形と平行四辺形で分割していくのである。
これらの分割線は，水平方向に周期 a で繰り返しとなっているので，分割され
たパーツ（図の灰色・白の部分）も水平方向に合同な形が繰り返されることに
なる。かくして，平行四辺形と長方形が同じパーツで埋め尽くされることの原
理的な理解が得られる。
　なお，合同な三角形を 2 つ組み合わせることで，平行四辺形が得られるため，
平行四辺形の面積公式を導出しておけば，三角形の面積公式の導出は極めて容
易となるので省略する。

5．台形の面積公式

　台形は平行四辺形よりも条件が緩いため，いろんなタイプの台形が考えられ
るが，一方で，一般的に台形を学習する際には，台形に対する既存のイメージ
のために思い込みが発生しやすいように思う。例えば，上底の方が下底より短

いような台形を想像しがちだろう。

　そうした思い込みから，面積を求める際に常に適用可能ではない方法を考えてしまう場合がある。例えば，図7-7（左）のように台形を長方形と直角三角形に分けて面積を足し合わせるという方法は，右の図のように適用できない場合が考えられる。

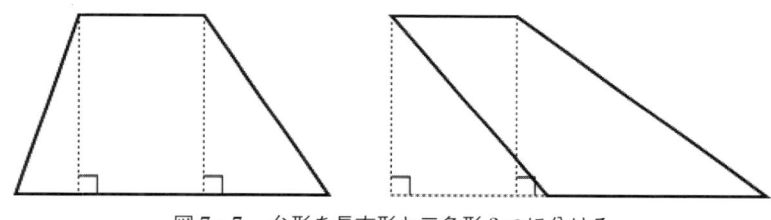

図7-7　台形を長方形と三角形2つに分ける

　どのような場合でも適用できる考え方として，一般的には図7-8（左）のように，合同な台形を2つ組み合わせて平行四辺形を作る方法が一般的だろう。この図から，「台形の面積＝（上底＋下底）×高さ÷2」という公式が導出できる。他にも，図7-8（中央）のように，台形を対角線で2つの三角形に分けることでも導出できる。

　では，図7-8（右）のように，台形を長方形に等積変形する方法はどうだろうか。実は，この方法はどんな台形でも適用できるわけではない。代表的な図だけではなく，どんな場合でも適用できるのかどうか，台形の定義に沿って反例を考えられるだけの柔軟な思考力が教師には求められるといえるだろう。

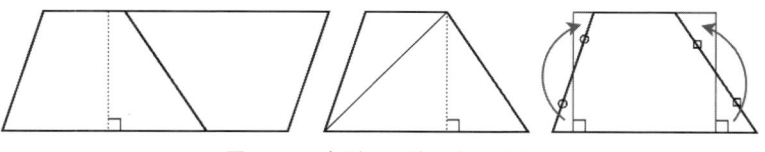

図7-8　台形の面積公式の導出

6．角錐の体積公式

　前節まで平面図形の面積公式の導出について述べてきたが，これらの導出は小学生にも積極的に考えてほしい内容である。そこでは図形を有限個に切り分け，切り分けた図形を形や大きさを変えずに移動して，長方形など面積公式が

既知の図形に等積変形することで，新たな面積公式が導出されてきた。言い換えると，次に述べる分割合同性を用いていることになる。

2つの多角形（あるいは多面体）P と Q が分割合同であるとは，P と Q をそれぞれ同数のいくつかの多角形（あるいは多面体）P_1，…，P_m および Q_1，…，Q_m に分割できて，分割後の各々のピースが合同，つまり，

$$P_1 \equiv Q_1,\ P_2 \equiv Q_2,\ \cdots,\ P_m \equiv Q_m,$$

とできることを指す。ただし分割の際には，ピースどうしが重なってはいけないが，境界を共有することは認める。例えば，図7-8（右）の等積変形は，台形を3つの部分に分けて，パーツを移動することで長方形にしており，これは，台形と分割合同な長方形を示しているわけである。実は，平面上の面積の等しい任意の2つの多角形は，互いに分割合同であることがボヤイ＝ゲルヴィンの定理として知られている（cf. ボルチャンスキー，1994；砂田，2000）。つまり，どんな多角形でもいくつかに切り分けて組みなおすことで長方形にすることが可能なのである。

では立体図形，とくに角錐の体積公式「角錐の体積＝底面積×高さ÷3」を，平面図形と同様に分割合同を用いて示すことはできないのだろうか。これは「ヒルベルトの第3問題」とよばれ，20世紀初頭にダフィット・ヒルベルト（David Hilbert）から提示されてすぐ，マックス・デーン（Max Dehn）によって否定的に解決された。*実はほとんどの三角錐はどのように切り分けても，組みなおして直方体にすることはできないのである。例えば，正四面体は直方体と分割合同とならない。このことは，角錐の体積公式は，平面図形の場合とは異なり，有限個に切り分けて組みなおすといった手法では導出できないことを示している。

　　＊1900年のパリ国際数学者会議において，当時，数学研究の指導的立場だったヒルベルトは20世紀に解かれるべき問題として23の問題を提起し，その後の数学研究に大きな影響を与えた。これは，その問題の一つだったのである。

では，角錐の体積公式はどのようにすれば，導出できるだろうか。その導出には，無限個への分割や連続的な変形が必須となる。まず，三角錐の体積は三角錐の底面積と高さだけで決まってしまう，ということを示そう。実際，2つ

の三角錐で底面積と高さが等しければ，底面に水平な同じ高さの平面で切断したときの断面積が常に同じとなる。特に，自然数 n を選んで高さを n 等分し，等分点を通る水平面で切ったときの断面積は 2 つの三角錐で等しいはずである。となれば，図 7 - 9 のようにこの断面を用いて三角錐を内側と外側から近似するとき，この近似する角柱の体積和が 2 つの三角錐で等しくなるはずである。[*]体積の基本的性質により，三角錐の体積は，内側からの近似と外側からの近似の間にあるはずであるが，n を大きくすればいくらでも近似は良くなるので，はさみうちの原理により 2 つの三角錐は等しい体積であることが分かる。

　　*三角錐の頂点から底面に下した垂線の足が底面の内部にあるときはこの説明で良
　　　いが，実は，垂線の足が底面の外部となる場合には，この方法では内側と外側の
　　　近似が作れない。実際，この議論は積分の考えそのものであり，一般の場合を示
　　　すには，積分を用いる方が簡明だろう。

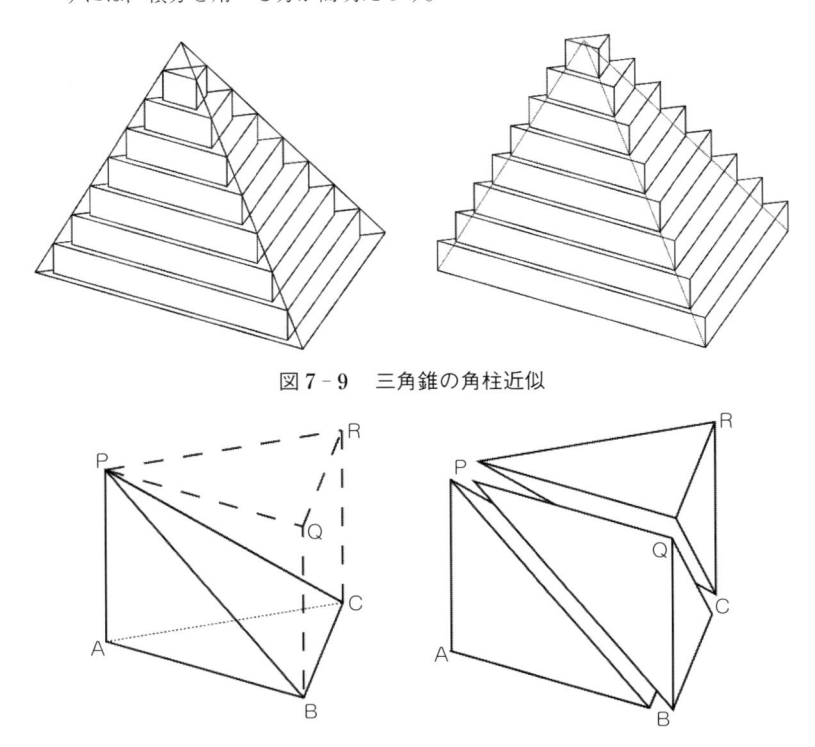

図 7 - 9　三角錐の角柱近似

図 7 - 10　三角柱の等積三分割

　「底面積と高さの等しい 2 つの三角錐は体積が等しい」ということを用いれば，任意の三角錐において，高さを変えないように頂点 P の位置を動かし，頂点 P から底面 ABC へおろした垂線の足が頂点の一つ（図 7 - 10（左）では点 A）と一致するようにしても，体積が変わらないことがわかる。

　そのような三角錐 P-ABC に対して，おなじ底面と高さをもつ三角柱 PQR-ABC を，図 7 - 10（右）のように 3 つの部分（そのうちの一つが三角錐 P-ABC）に分けると，これらが互いに等積であることがわかる。実際，三角錐 P-ABC と三角錐 C-PQR は，QB を高さと見れば底面積と体積が等しい。また，三角錐 P-ABC と四面体 PQBC は，それぞれ三角形 PAB と三角形 PQB を底面と見れば，やはり底面積と高さが等しい。よって，これは体積を 3 等分する分割になっており，三角錐の体積公式が導出できるのである。

7．円の面積公式

　前節でみたように，三角形や四角形の面積公式とは異なり，合同分割のような素朴な方法では角錐の体積公式は導くことができない。そのため，その導出は児童と共に考えるというよりも，結果としての公式とその活用に焦点があたることだろう。円の面積公式についても同様で，その導出は教師側から提示し，児童の納得を得ることのほうに焦点があたることが多いと思われる。

　一般的には図 7 - 11 のような図をもちいて，円の面積公式を説明することが多いだろう。すなわち，半径 r の円を細かい扇形に分けて組み直すと，ほぼ長方形となり，分割を細かくすればするほど長方形に近づくこと，および，その長方形の縦と横はそれぞれ r と πr となることを根拠とするものである。しかし，児童への説明としてはこれでいいかもしれないが，その論拠はずいぶんと直観に頼っている。もう少し精密な議論をするならどうすればよいのだろうか。

　実際，うえの議論には「組み直した形がほぼ長方形」「組み直した形（これはまだ長方形ではないが）の縦と横が r と πr とみなせる」といった複数の「近似」が同時になされている。いや児童はこれを「近似」と考えるかもしれないが，実際には極限操作を考えているのである。この議論を精密に行うには，何の極限が何になるのかを整理したうえで，極限操作をする前の状態（図 7 -

11の右）での数量関係を精密に捉え極限操作を行う必要がある。

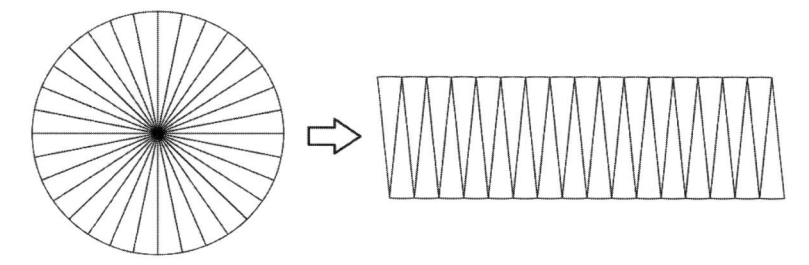

図 7 - 11　　円の面積公式の導出

　まず，円周率 π は，円周の長さと直径の比率として導入されているので，円の面積を円周の長さと結び付けて考えるのが妥当である。円周の長さと円の面積について次の 2 つの前提をおく。まず，そもそも曲線の長さとはなんだろうか。調べたい曲線の始点から終点まで順に曲線上の点をとり，これをつないで得られる折れ線を考えよう。もしもこの折れ線の点をさらに細かくとれば折れ線の長さは長くなるだろう。数学的には，こうして折れ線の点を増やしていくときの，折れ線の長さの上限を曲線の長さとするのである。円の場合でいえば，円に内接する正 n 角形の周の長さが，n が大きくなっていくとき，円周の長さに収束することになる。もうひとつの前提は，広く認められているもので，円に内接する正 n 多角形の面積は n が大きくなるほど大きくなり，その上限が円の面積となることである。

　この 2 つの前提をおけば，図 7 - 11（左）において円周上の等分点の個数を n とするとき，等分点を結んだ正多角形の面積 C_n，つまり，右側の図で組み直した図形に内接する平行四辺形の面積が，n の増加に伴って円の面積に収束すること，および，その平行四辺形の底辺の長さ L_n が円周の長さの半分 πr に収束することが導かれる。

　その上で，平行四辺形の高さ H_n について考えよう。図 7 - 11（左）の一つの扇形を考えれば，高さは $H_n = r\cos\dfrac{\pi}{n}$ となることがわかる。かくして，

$$C_n = L_n \times r \, \cos\frac{\pi}{n}$$

であるから，$n \to \infty$の極限をとると，円の面積がπr^2であることが導出される。

8．公式と導出

　ここまで，算数で学習する面積・体積の理論的背景や，公式導出の数学的原理を述べてきたが，こうした教材を通して何を教えるべきなのだろうか。

　まず，中学以後の数学でもいえることだが，公式を覚えることと同等もしくはそれ以上に，適切な事例については，導出の仕方を考えさせたり，説明させたりすることが重要だろう。もちろん，角錐や円のように，子どもが考える範囲を超えるものもある。教師がそうした公式の背景を知っておくことは重要なことだろう。

　特に平行四辺形や台形の場合を想起すればわかるように，面積公式とは特定の図だけで成り立つものではなく，条件を満たす任意のケースで成り立つ命題である。こうした命題を全称命題という。面積公式が命題であるなら，その導出は本質的には証明となっている。そこでは特定の図で面積公式の導出を考察しつつも，同時に，考えられるあらゆる形を想定している必要がある。こうした考察の方法は中学校以後の数学での証明につながる重要な意義をもっている。

第7講　参考文献

砂田利一（2000）『分割の幾何学　デーンによる2つの定理』日本評論社.

ボルチャンスキー，B., ロプシッツ，A.（木村君男・銀林浩・筒井孝訳）（1994）『面積と体積』東京図書.

文部科学省（2017）『小学校学習指導要領』.

Wagon, S.（1985）*The Banach-Tarscki Paradox*, Cambridge University Press.

（濱中裕明）

■ 新しい量の構成：科学的な創造をめざして
■ 加法性の成り立たない量
■ 速　さ
■ 単純化，理想化，抽象化：仮説設定のレパートリを豊かに

Ａさん：速さの公式は，「はじき」？「きはじ」？「みはじ」？

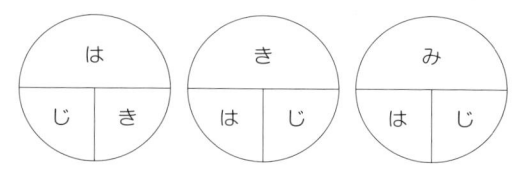

Ｂさん：きのしたにはげじじいだから，「きはじ」だよ。

ＡさんとＢさんのように語呂合わせに終始する子どもがいる。これでよいのだろうか。速さを指導するねらいは何か。

1．新しい量の構成：科学的な創造をめざして

　速さや割合は難しい内容といわれている。文章に出てくる用語や数のどちらをどちらで割ったらいいのか，あるいはかけるのか。「単位量」とは何なのか。「1人あたり2まい」と「1人2まい」「1人に2まい」に違いはあるのかどうか，など。そして公式の暗記など手続き中心の理解に終わる現状がみられる。しかし速さや単位量あたりの内容が算数で指導されるようになった契機をみれば，暗記とは逆の「科学的な創造」が目指されていたのである。

　「単位量あたりの大きさ」は，1958（昭和33）年告示の学習指導要領で「異種

の 2 つの数量についての割合」として，ある意図をもって，第 5 学年で取り扱われるようになった画期的な内容である。このとき「同種の 2 つの数量についての割合」という用語も第 5 学年に明示されていた。同種の 2 つの数量についての割合は，整数，小数，分数を用い，異種の 2 つの数量についての割合は，一方の一定量に対する他の量の大きさを用いたり，単位量あたりの考えを用いたりすることを理解させるとしていた。同種の 2 つの数量についての割合とは次の 3 つである。A の B に対する割合 p について，$p = A \div B$（比の第一用法），$A = B \times p$（比の第二用法），B を 1 とみると $A = p$。そして同種の量，百分率，異種の量，速さがすべて同じ学年の内容であった。[*]

　＊詳しくは国立教育政策研究所の学習指導要領データベースを参照されたい。

　この学習指導要領の作成にあたった中島健三氏は，戦後50年の算数教育を振り返り，「科学的な創造」に関して次のように述べている。「速さは長さに比例し時間に反比例するとして新しい量を作っている。33年の改訂では，比例・反比例の概念を小学校でやることにし，量×量，量÷量を比例・反比例の観点からも捉え，新しい量を考えることを強調しようとしました。」（中島，1997：86；下線は筆者加筆），また昭和43年の改訂に関して，「特に，量と測定では，速いおそいといった，それまでの長さ，重さ，時間などの基本量だけでは表せない運動の状況を捉えるのに，「速さ」という新しい量を考え出す……こうした認識に立ち，ぜひ科学的な創造というにふさわしい指導も望みたい。理科との関連というだけでなく，……「科学的」ということを見直すことを提案してもみたかった。」（中島，1997：143-144；下線は筆者加筆）

　上記に示すように，量×量，量÷量を比例・反比例の観点からも捉えようとし，新しい量を考えることを強調したのである。別の箇所では，速さは比例を前提としているということが事象を数理的に捉えることだとも述べている。

　現在の学習指導要領では「同種の量」という用語は明示されず「異種の量」のみが使われている。そのため，この関連が捉えにくくなっているが，「同種の量」と「異種の量」（「単位量あたりの大きさ」やその例としての「速さ」）の指導との関連を，教師がしっかりと捉えておくことが重要である。このことを整理すると，次の通りである。

> ・同種の 2 つの量についての割合：「割合」（比較量，基準量，割合）
> ・異種の 2 つの量についての割合：「単位量あたりの大きさ」（こみ具合，人口
> 　密度），「速さ」

　速さを求めるには，移動する長さと，移動にかかる時間という「異種の 2 つの量」が必要になる。速さの公式を教え，その使い方を練習させるだけでなく，2 つの量の組み合わせによらなければ捉えられない量があることを子どもに気づかせ，比べ方を考えさせ，そのような公式を作っていくことのよさを考えさせることが大切である。

　速さを「単位時間あたりに移動する長さ」として捉えると，時速60 km の速さとは，「1 時間に60 km の長さを移動する」速さである。

　数直線を使えば下の図のようになる。数直線の算数・数学での利用は，日本が世界に誇れるものである。なお数直線の利用のよさやその数学的背景は，本書の第 3 講および第12講（「一般化と拡張」）に詳しく解説されている。

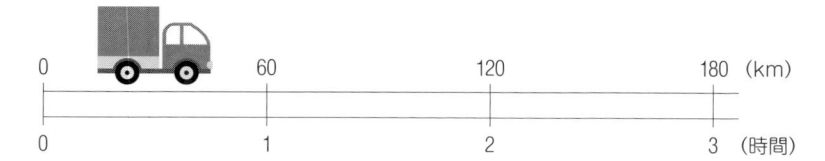

　2 時間では120 km，3 時間では180 km の長さを移動する。このような具体的な場面を様々にあげて，児童に時間が長くなれば移動する長さも大きくなるというイメージを豊富にもたせ，そこから（速さ）×（時間）＝（道のり），（速さ）＝（道のり）÷（時間）を導くのがよい。

　学校においては実際に 5 秒間，10秒間，15秒間歩いて移動した長さを測る活動を行えば，イメージに残りやすい。

　さらには，1 時間で60 km 走る車はあっても 1 時間に60 km 走ることのできる人はいないこと（42.195 km のマラソンの男子の世界記録は，2018年 5 月の時点で 2 時間 2 分57秒）など，量の感覚の指導もあわせて行いたいものである。そのためには教師自身が量の感覚を身に付け，あまりにも現

実の数値とかけ離れるような算数の問題を出さないようにしたい。それは，国際教育到達度評価学会（IEA）の国際数学・理科教育動向調査（TIMSS 調査）など，国際的な学力調査や全国学力・学習状況調査などの国内の学力調査から，わが国の児童は量の感覚をあまり身につけていないことが明らかになっているからである。

2．加法性の成り立たない量

　「異種の 2 つの量についての割合」（「単位量あたりの大きさ」や「速さ」）では，加法性が必ずしも成り立たない量があることを学ぶ。ここでいう「量」とは，いわゆる量の単位としてこれまで学んできた長さ，面積，体積，かさ，重さなどの連続量（数値が小数や分数で表される量）に加えて，これまで量の単位としては学んでいない個数，人数，円など離散量（数値が自然数で表される量）も含まれることに注意したい。なお連続量と離散量については，本書の第 6 講に詳しく解説されている。

　算数の多くの場面で，加法性は暗黙の前提となっている。加法性が成り立つからこそ，例えば台形の面積の公式がなぜ「（上底＋下底）×高さ÷2」なのかの理由を，2 つの三角形の面積の和として示すことができるのである。50 cm の長さに 30 cm の長さを加えれば，80 cm になる。50 円のものと 30 円のものを合計すれば 80 円になる。このように，同種の 2 つの量ではたし算ができた。そこで同じ道のりを行きに時速 50 km，帰りに時速 30 km の速さで進んだ場合に，平均の速さはたして 2 でわればよい，つまり $(50+30)\div2$ と考えて，時速 40 km と求めがちである。しかし速さの場合は相加平均 $\dfrac{a+b}{2}$ ではなく，調和平均 $\dfrac{2}{\dfrac{1}{a}+\dfrac{1}{b}}$ を用いる。仮に 150 km の道のりを，行きに時速 50 km，帰りに時速 30 km の速さの平均は行きが 3 時間，帰りが 5 時間の合計 8 時間であり，$300\div8=37.5$ だから，答は 37.5 km となる。このような事例にみるように，速さには加法性が成り立たないといわれる。

　ただし相対速度を考える場合には加法性が成り立つ。分速 30 m の動く歩道

の上を分速70m で歩くと分速100m になる。動く歩道を歩いた経験があれば納得がいくであろうし，同様の問題が，経済協力開発機構（OECD）の実施する学習到達度調査（PISA）の数学的リテラシーの評価の枠組みの中で紹介されている（OECD, 2003 : 91-92）。

2.1　一つの量だけでは決まらないことへの気づき

　上述したように，「単位量あたりの大きさ」や「速さ」では，加法性が必ずしも成り立たない量があることを学ぶ。そこでの指導の在り方を考えてみよう。多くの場合，平均を学んだ後に，こみ具合，そして人口密度の学習へと進む。

問　単位量あたりの大きさは，こんでいる絵や図を示したあとに，次のような2次元表を提示することによって指導されることがあります。この表に見られる工夫点と問題点をあげなさい。

	たたみの数	子どもの数
A	10まい	6人
B	10まい	5人
C	8まい	5人

どの部屋がいちばんこんでいますか。

　工夫点は次の通りである。

　　・「たたみの数が同じ（A と B の部屋）」「子どもの数が同じ（B と C の部屋）」と，あらかじめ2つの部屋を比べやすいように同じ数にそろえている。

　　・どの値も10以下の見慣れた数である。（10まい，5人）は5の段のかけ算で求められる簡単な量である。割合を求めると，B の部屋は「子ども1人あたりたたみ2まい」と計算の結果が離散量（整数）となりわかりやすい。

　　・修学旅行の客室の収容定員など，1人あたりのたたみの数が現実場面に近い。

　　・A の部屋と C の部屋は，たたみの数と子どもの数の両方とも違うので，どちらかをそろえないと比べられない。たたみの数，子どもの数のどち

らを公倍数でそろえても，Cの部屋の方がこんでいることがわかる。

・子ども1人あたりのたたみの数，たたみ1まいあたりの子どもの数，公
倍数という3つの考え方があるが，公倍数でそろえると数が大きくなっ
て大変ということから，「単位量あたりの考え」（ここでは1まいあたり，
1人あたり）の便利さに気づかせることを意図している。

以上のように工夫された問題場面であるが，問題点もないとはいえない。

・理解のしやすさを重視し部屋の数はA, B, Cの3種類と最小の数となっ
ている。しかしどこかの部屋と同じこみぐあいになる場合（例えば30ま
いと15人）や，どの部屋ともたたみの枚数も人数もこみぐあいも違う場
合（15まいと7人，6まいと4人）など，より多様な部屋を示し，情報
を分類整理し必要な情報を取り出すことができるようになることも重要
である。

さらにいえば，単位量あたりの大きさの指導では，両方の量が必要なことを
理解させることが重要である。速さは道のりだけではきまらないし，時間だけ
でもきまらない。ところが，一つの量だけでは決まらず両方の量が必要なこと
に気づくことが，意外に難しいことが報告されている。

全国学力・学習状況調査に，次のような問題がある。資料の読み取りと判断
の根拠の説明を聞く問題（2016（平成28）年度の算数B④）である。

表1「各学校の月ごとの貸出冊数（冊）」

学校＼月	4月	5月	6月	7月	合計
A小学校	986	2918	3414	2420	9738
B小学校	849	2523	2938	2095	8405

あさ子

　私は，どちらの学校の子どものほうが本をよく借りているかを，**各学校の 1 人あたりの貸出冊数**で比べたいです。

　1 人あたりの貸出冊数を求めるためには，**各学校の貸出冊数の合計**のほかに，何を調べたらよいかな。

(1) あさ子さんのように**各学校の 1 人あたりの貸出冊数**を求めるためには，**表 1 の ☐ の各学校の貸出冊数の合計**のほかに，どのような数が必要ですか。

　下の **1** から **4** までの中から 1 つ選んで，その番号を書きましょう。

1　各学校の，図書館を利用した人数

2　各学校の，学校全体の児童の人数

3　各学校の，図書館にある本の冊数

4　各学校の，本の種類ごとの貸出冊数

　この問題は「単位量あたりの大きさ」を求めるために，示された資料のほかに必要な情報を判断し，特定することができるかを問う問題である。「各学校の 1 人あたり」を求めるのだから，学校全体の児童の人数が必要であるが，正答であるこの選択肢 2 を選んだ小学校 6 年生は，わずか48％であった。なお，選択肢 1 の各学校の図書館を利用した人数を選んだ割合は29％，選択肢 4 を選んだ割合は11％，選択肢 3 を選んだ割合は10％であった。

2.2　比例性に基づく量

　「単位量あたりの大きさ」では，まず平均を学んだ後に，こみ具合，そして人口密度の学習へと進むが，直前に平均を学ぶのは，こみ具合や人口密度は「平均」の考えを前提としているからである。「平均」の考えとしては，走り幅とびを行ったあと地面にでこぼこができたためそれを平らに「ならす」，大きさの違うオレンジをしぼってジュースをつくるとき，どのコップも同じ量に「ならす」など，等しい大きさにすることを学ぶ。さらには，一日に使った卵の数，一日に読んだ本のページ数，図書館から借りた本の冊数，欠席者の人数

なども扱う。

　事象を平均化して捉えるという見方・考え方の理解には，1．で述べたように，比例の考えが前提となっている。

　なお「単位量あたりの大きさ」では，上述の通り 1 まいあたり，1 人あたりなど「1 あたり」の便利さに気づかせることを意図しているが，日常では国産和牛100 g あたり980円，綿の布地10 cm あたり70円，デパートの駐車料金 1 時間あたり300円など，1 を単位とするもの以外にも単位量あたりの考えが使えるようにすることが大切である。

2.3　連続量の導入から離散量への展開

　2.2で地面ののでこぼこやコップの量をならすことを述べたが，平均の考えにおいては，まずは連続量で導入を行い，次に個数や人数という離散量へと展開する。なぜかというと，連続量は0.3L のように小数で表せるが，個数や人数など，例えば0.3個，0.3人は通常は意味をなさないからである。しかし平均においては，小数で表すことがあることを理解させることが重要である。

　このように平均において，個数や人数などの離散量を小数で表す経験が，単位量あたりの大きさの学習においても活用され，離散量を小数で表すことができるようになるのである。

　ただし，平均の後に学ぶ「単位量あたりの大きさ」では，問題場面の理解の観点から，異種の 2 つの量は，離散量と離散量（または連続量）のあとに，連続量と連続量を扱う場合が多い。

> **問　2 種類以上の算数の教科書について，平均，単位量あたりの大きさの問題で表される量を取り出し，それが連続量か離散量か調べなさい。**

2.4　基準の決定（何を《分母》とするか）

　異種の 2 つの量の割合として捉えられる量について，2 つの量のどちらをどちらでわるのか，つまりどちらを分母にするかであるが，一般には直観的判断に合う方を採用する。

　2.1で述べた「こみ具合」は，子ども 1 人あたりのたたみの数，たたみ 1 ま
いあたりの子どもの数のどちらで比較してもよいが，こんでいるほど数が大き
くなる方が「こむ」という直観的判断に合うため，たたみ 1 まいあたりの子ど
もの数で考える，つまり，たたみの数を分母とするのが便利である。

　同様に「人口密度」は面積と人数という異種の 2 つの量の割合として捉えら
れる量であり，こんでいるほど数が大きくなる方が「こむ」という直観的判断
に合うため，人口密度は「単位面積あたりの人口」と定義されている。つまり
面積を分母としている。国の指標の重要な要素であるため，日本では 5 年に一
度の国勢調査によって人口が調査され，それをもとに人口密度が算出される。
それらの公的な資料では 1 km^2 あたりの人口で表している。なお，日本の人口
密度は，1872（明治 5）年には 1 km^2 あたり91人であったが，2015（平成27）年
には 1 km^2 あたり341人となっている。(総務省統計局，2018)

> 　問　2 種類以上の算数の教科書について，「単位量あたりの大きさ」では，
> 　　2 つの量のどちらをどちらでわるのか，つまりどんな理由でどちらを
> 　　分母にすると説明しているか調べなさい。

3．速　さ

3.1　日常生活と子どもの理解

　速さを，単位時間あたりに移動する長さとして捉えると，時速60 km とは 1
時間に60 km の長さを移動する速さとなる。一方，日常生活の速さとは一定の
長さを移動する時間によって捉える場合もある。100 m 走とは100 m 走るのに
かかる時間であり，数が大きいほど遅いことを表す。その意味では速さといい
ながら，遅さである。

　一般に，速さについては数値の大きい方が速いという直観的判断に一致する
ことから，時間を単位量として単位時間あたりに移動する長さで比べることが
多い。このようにして，「道のり÷時間」の値を「速さ」ということに決める。

　速さの概念は，走った距離，新幹線，わたり鳥，台風など，子どもの様々な
生活場面を通して指導されている（長崎，2009）。教科書の国際比較によれば，

速さは，第4学年から第8学年（中学校第2学年に相当）にかけて見られ，算数の内容の場合と理科の内容の場合がある。国によっては，複数学年にわたって子どもの生活との関連で徐々に定式化するように記述されている。アメリカのある算数教科書では，速さは第6学年の「分数と比」「分数の探究」の中で楽しそうな絵とともに指導されている。そこでは，速さと速度（速さに向きがついたもの）の違いも示されていた。イギリスの第8学年のSMP教科書では，自転車で坂を登ったり下ったり，止まったりしたときで速さはいろいろ変わるが，平坦な道では一定の速さで進むなど，わかりやすいイラストで「一定の速さ」と「平均の速さ」を視覚的に把握できるようにしている。

3.2　平均の速さと瞬間の速さ

　算数で扱う速さは，平均の速さである。ただし問題文は「どちらが速いでしょう。」あるいは「〇時間で何km進むでしょう。」など平均の速さという用語は使われていない。

　中学校数学では，1次関数や2乗に比例する関数（$y = ax^2$）の変化の割合の内容で，平均の速さを扱う。1次関数の変化の割合は，x が1増加するときに y がどれだけ増加するかを示しており，単位量あたりの考えと同様である。「ジェットコースターが斜面をおり始めてから x 秒後に進む距離を y m とするとき，$y = 2x^2$ の関係が成り立つとします。このジェットコースターがおり始めて1秒後から3秒後までの間の平均の速さを求めなさい。」という問いについては，平均の速さは，変化の割合 $= \dfrac{y \text{の増加量}}{x \text{の増加量}} = \dfrac{\text{進んだ距離}}{\text{進んだ時間}} = \dfrac{18-2}{3-1} = 8$ として，8 m/s と求めることができる。算数では，速さを表すのに量の次元を示す記号「／（スラッシュ）」を用いないが，中学校数学以降では「毎秒〇 m の速さ」「秒速〇 m」に加えて「m/s」と表すことがある。これは，算数の教科書で「ℓ」の代わりに「L」と表すようになったのと同様，国際単位系（SI）の規定に従うこととなったからである。「m/秒」は使わないよう注意が必要である。

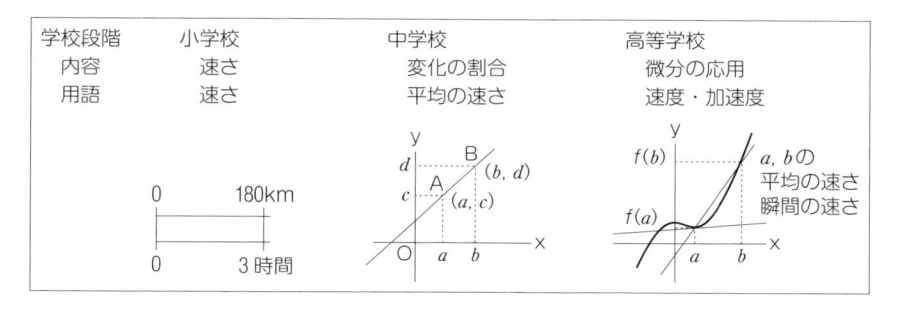

高等学校数学においては，微分の応用で，速度・加速度を扱う。関数 $y = f(x)$ において，$\dfrac{f(b) - f(a)}{b - a}$ を，x が a から b まで増加したときの平均変化率といい，b を限りなく a に近づけることにより，$x = a$ のときの微分係数が求められる。運動する点 P の座標 x が時刻 t の関数の場合に，$x = f(t)$ と表され，時刻 t から $t + \varDelta t$ までの平均速度は $\dfrac{f(t + \varDelta t) - f(t)}{\varDelta t}$ であり，$\varDelta t \to 0$ のときの極限値を，時刻 t における点 P の速度という。速度 v の絶対値 $|v|$ を速さという。これが瞬間の速さである。$f'(t)$ が速度，$f''(t)$ が加速度である。このように，速さは算数で終わりではなく，中学校や高等学校の数学へと発展する。

4．単純化，理想化，抽象化：仮説設定のレパートリを豊かに

1951（昭和26）年の中・高等学校数学科の学習指導要領作成に携わり，さらには数学教育における高次思考の評価の観点から解が多様にあって終わる「オープンエンドアプローチ」を昭和40年代に提唱した島田茂氏は数学的モデル化について，次のように述べている。

　　現実の問題を数学的に考えるのには，必ず単純化，理想化，抽象化して，現実についての条件を知って数学のわくの中の命題に翻訳しなければならない。客が 5 人来るといって用意するときは，客の一人一人の個性は一応無視して必要なものの数量をそろえる。これは単純化の例である。東京と北京の間の距離を考えるとき，まず地球の表面を球面と考えるのは，理想化であり，楕円面よりまず球面と考えるのは単純化である。そして，東京，

101

　北京を球面上の 2 点と考え，航路を球面上の曲線とみなすのは，一つの抽
象化である。このようにして，翻訳された命題群が見込みのあるものかど
うかは，それが数学として何かの意味の決定可能性をもつか否かによる。
もつときは，これを一つのモデルとよび，その過程をモデル化という。新
しいモデルを考えるときには，既知のモデル化の実例がレパートリとして
利用される。数学教育で応用問題を取り上げるねらいの一つは，このレパ
ートリを豊かにすることである。　　　　　　　　　　　　（島田，1990：44）

　2.1で述べたたたみの数と子どもの数からどの部屋がこんでいるかを求めさ
せる問題は，子どもが均等にたたみを使うという理想化の考えに加え，子ども
の大きさや太っているかやせているかなどの特徴を同等とみなし，単純化して
いる。また実世界ではあまり仲のよくない人とすいている部屋に泊まるよりは，
仲のよい友達とこんでいる部屋に泊まる方がはるかによいということもある。
すべて同等とみなしたときに，算数で考えることは力を発揮するのである。現
実場面に戻して考えることがないと，算数は現実とは乖離していると誤解され
がちである。解の背後にある現実についての仮定をもきちんと考え，その上で
の算数で考えることのよさを知るようにさせたいものである。

第 8 講　参考文献

国立教育政策研究所（2014）「教育研究情報データベース　学習指導要領データベー
　　ス」（https://www.nier.go.jp/guideline/s33e/chap2-3.htm）（2018年 5 月18日ア
　　クセス）
国立教育政策研究所編（2016）「平成28年度全国学力・学習状況調査報告書　小学校算
　　数」（http://www.nier.go.jp/16chousakekkahoukoku/report/16primary/16math/）
　　（2018年 5 月18日アクセス）
島田茂（1990）『教職数学シリーズ実践編10 教師のための問題集』共立出版株式会
　　社.
瀬沼花子（2011）「第 7 章　量と測定」守屋誠司編『小学校指導法　算数』玉川大学
　　出版部：126-143.
総務省統計局（2018）「平成27年国勢調査　我が国人口・世帯の概観」（http://www.
　　stat.go.jp/data/kokusei/2015/pdf/waga01.pdf）（2018年 5 月25日アクセス）

長崎栄三（2009）「Ⅲ．算数・数学教科書　２．日本」国立教育政策研究所編『理数教科書に関する国際比較調査結果報告』国立教育政策研究所：76-87．（http://www.nier.go.jp/seika_kaihatsu_2/index.html）（2018年５月18日アクセス）

中島健三（1997）『算数教育50年―進展の軌跡―』東洋館出版社．

OECD（2003）'The PISA2003 Assessment Framework'（http://www.oecd.org/education/school/programmeforinternationalstudentas-sessmentpisa/33694881.pdf）OECD：91-92（2018年９月18日アクセス）

（瀬沼花子）

合同と拡大図・縮図
―図形の構成的探究―

- ■ 図形探究の基本的な視点
- ■ 合同と移動
- ■ 相似の中心に基づく拡大図・縮図
- ■ 種々の変換

第5学年「合同」単元の導入部分では，図のような「形も大きさも同じ図形」の類別から学習が始まる。同様に，第6学年「拡大図と縮図」単元の導入部分では「形は同じで大きさの異なる図形」の類別から学習が始まる。この類別する活動から，合同および拡大図・縮図の定義や性質を構成的に学習させる授業の展開にするために，どのような指導上の留意点が考えられるだろうか。

> アの三角形と形も大きさも同じ三角形は，下のイ〜オのうちどれでしょうか。

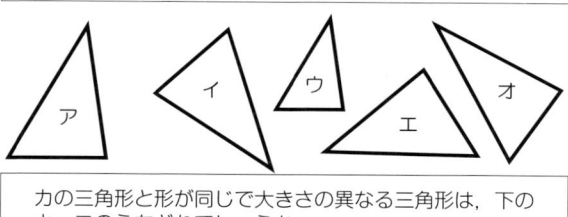

> カの三角形と形が同じで大きさの異なる三角形は，下のキ〜コのうちどれでしょうか。

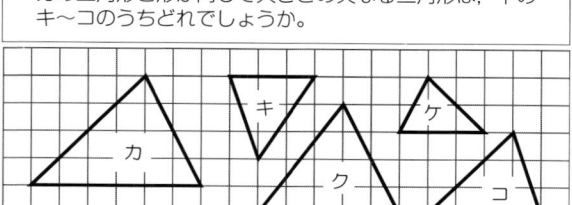

1．図形探究の基本的な視点

　算数科の図形領域における学習では，三角形や平行四辺形，そして円などの基本的な図形を対象とし，辺の長さや角の大きさ，面積などを調べたり計算したりすることで探究的活動が進んでいく。また，小学校高学年になると図形の合同や拡大図・縮図といった図形間の関係も学習内容に含まれるようになり，個々の図形のもつ性質を個別に調べるだけでなく，複数の図形に共通して成り立つ性質も探究の対象となる。

　図形領域における学習内容を列挙してみると，個々の図形のもつ性質から，複数の図形に共通して成り立つ性質へと学習が進んでいくように見える。しかし，そもそも我々はなぜ辺の長さや角の大きさ，図形の面積などの数量を「個々の図形のもつ性質」と捉えているのだろうか。この疑問に対する答えとして19世紀に数学者フェリックス・クライン（Felix Klein）が提出したのは，意外にも，数学的には上記の順序は逆であるということであった。すなわち，ある図形間の関係を定めると，それに応じて図形の性質と捉えられるものが決定される，と考えたのである。

　では，図形間の関係を定めるとはどういうことなのだろうか。図形に限らず，数学的対象（数や関数など）間の関係の中でも最も基本的な関係性として同値関係がある。同値関係とは，2つの数学的対象について定められる関係のことで，次の3つを満たすもののことをいう（ここでは数学的対象を a，b，c と表す）。

　　(1) 反射律　　a と a 自身は同値である。

　　(2) 対称律　　a と b が同値ならば，b と a も同値である。

　　(3) 推移律　　a と b が同値で b と c が同値ならば，a と c も同値である。

　図形領域においても様々な同値関係が考えられ，例えば，合同や相似などが挙げられる。同値関係を定めるとは，すなわち，なにをもって2つの図形を「同じ」とみなすか，という視点を定めることに他ならない。我々は2つの図形を見るとき，それらの形が「同じ」，「似ている」，あるいは「同じでない」と直観する。これは，何らかの同値関係を暗黙的にではあれ設定して図形を捉えているからである。

　ある複数の「同じ」図形において，それらに共通するもの，言い換えれば「変わらない」ものを不変量という。不変量という言葉を用いれば，先に挙げたクラインによる「エルランゲン・プログラム」で有名なように，「同じ」図形に潜む不変量を探究する領域が幾何学であり，図形領域の学習である，といえる。不変量には例えば，線分や辺の長さ，その比，角の大きさ，図形の面積などがある。図形領域の学習に通底する数学的アイデアとして「同じ」あるいは「変わらない」があり，それは不変量として表現される。

　本講冒頭で示した「合同」単元あるいは「拡大図・縮図」単元の導入部分にある図形を類別する活動では，不変量が予め指定されている。確かに，合同や拡大図・縮図（相似）の概念それ自体を指導するためには，不変量の指定は有用であるのかもしれない。しかし，幾何学ではこの「同じ」の基準によって探究する世界を構成するのであるから，図形の構成的探究という面で問題がないとはいえない。そもそも図形の「形」や「大きさ」とは何で，なぜ学習者はそれらに着目しなければならないのだろうか。ユークリッド幾何学の世界への探究の制限，すなわち，合同や相似だけを「同じ」の基準とすることへの制限は教師ではなく学習者によってなされるべきである。ある2つの図形が「同じ」とはどういうことか，図形の何が「同じ」なのか，「同じ」図形はいかにして作成され得るのか，という探究を促すことが，学習者による図形の構成的探究にとって望ましいと考えられる。そのような活動は，最も特別な場合の「同じ」である合同や，それより条件の緩い場合の「同じ」である相似の探究につながる。

2．合同と移動

　合同とは一般に，次のように定義される。

> 　2つの図形F，F′があって，その一方を移動して他方に重ね合わすことができるとき，FとF′は合同であるといい，記号≡を使ってF≡F′と表わす。

（赤ほか，1970）

　さらに，合同な図形の性質として，対応する辺の長さは等しいこと，対応する角の大きさは等しいこと，がある。しかし我々は，三角形の合同条件に見られるように，この性質を合同の定義と同一視することがしばしばある。つまり，「２つの図形について，その対応する辺の長さや角の大きさが等しいとき，２つの図形は合同である」と考える。実際には，「合同な図形ならば，対応する辺の長さや角の大きさが等しい」の逆命題「対応する辺の長さや角の大きさが等しければ，合同な図形である」も真であるから，「対応する辺の長さや角の大きさが等しい」ことは２つの図形が合同であるための必要十分条件になっている。三角形の合同の場合，対応するすべての辺や角について調べる必要はなく，より少ない条件でも必要十分になる。

　ここで，２つの定義を区別すれば，第一の定義は動的であるが，第二の定義は静的であり，図形を移動させる必要はない。また，第一の定義は曲線図形にも適用できるが，第二の定義はそうではない。数学的な操作の重要性に鑑みれば，第一の定義から第二の定義を抽象するという順序で学習が進展していくべきである。しかし，本講冒頭で提起したように，必ずしもそれが明示的になされているわけではない。性質の逆命題「２つの図形について，対応する辺の長さや角の大きさが等しければ，２つの図形は合同である」を探究し，合同の静的な定義を構成させるような活動の展開が必要である。そうでなければ，ある２つの図形が合同であるかどうかを判断する際，毎回それらを移動して重ね合わせなくてはならない。

　合同の動的な定義には「重ね合わす」という操作が含まれる。では，何を「重ね合わす」のだろうか。図形が点の集合からなると考えれば，「重ね合わす」対象は，図形を構成するすべての点である。特に，図形の任意の２点間の距離を変えない点の変換を合同変換という（赤ほか，1970）。学校数学で学習する合同変換には「平行移動」，「回転移動」，「鏡面（対称）移動」の３つがある。

　平行移動（ずらす）は，図形を，一定方向に一定距離だけ移動させることである（図9‐1）。

　回転移動（まわす）は，図形を，ある点Oを中心に一定の角度だけ移動させることである（図9‐2）。

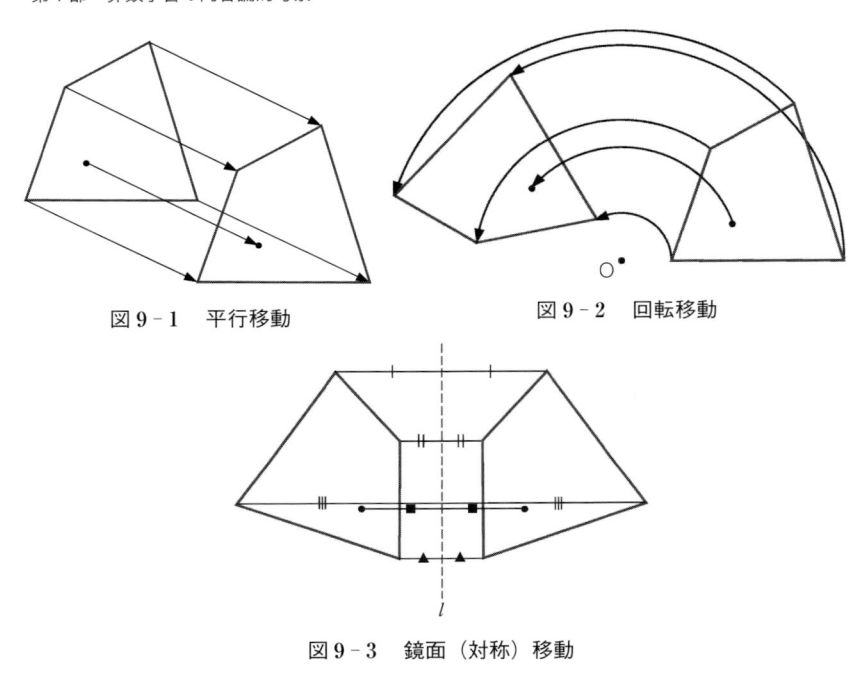

図9-1　平行移動

図9-2　回転移動

図9-3　鏡面（対称）移動

　鏡面（対称）移動（うらがえす）は，図形を，ある直線 l に関して対称に折り返して移動させることである（図9-3）。

　合同な図形であれば，3つの移動のいずれか，あるいはそれらの合成によって互いを「重ね合わす」ことができる。さらにいえば，合同な図形であれば，互いがどんな位置にあるとしても，高々3回の鏡面（対称）移動によって，「重ね合わす」ことができる。

　図形が点の集合からなるものとみなせることや任意の2点間の距離が保存されることが学習者に認識される必要は必ずしもない。しかし，少なくとも多角形の合同において，合同変換では多角形の頂点の関係が保存されていることの認識は大切である。例えば三角形は3つの点とそれらを結ぶ3つの線分から構成されるため頂点となる3つの点の関係を認識することが最も大切であるが，小学校の一般的な指導では，ストローで三角形を作る活動のように線分（辺）に意識を向けることが多く，頂点の関係はあまり意識されない傾向にあるため

である。

　算数科では小学校第1学年から図形（具体物）の移動を取り扱い，図形の移動そのものを楽しむ過程から，「ずらす」「まわす」「うらがえす」という3種類の操作があることを理解することが目指される。そして小学校第5学年「合同」単元では，それらの操作によって図形を「重ね合わす」ことや，合同な図形の構成がなされる。多角形の頂点の関係に注目させることは，どちらの合同の定義にも関わっている。なお，合同を合同変換として学習するのは中学校第1学年の作図においてである。また，より広い写像のアイデアは，明示的でないにしても，関数の学習に通底しているアイデアといえる。高等学校では，一次変換として，より広い範囲に現れる。

　合同は図形間の関係についての数学的対象であるから，多角形に限定されるわけではない。曲線で囲まれた2つの図形でも，合同変換によってそれらが合同かどうかを検討することができる。しかし，曲線がぴったり重なることを調べるのは実際には容易ではなく，直観的な認識にとどまらざるを得ない。一方，線分は2つの端点の一致を，線分で囲まれた図形は各頂点の一致を調べるだけで済む。三角形では3つの頂点が一致することを調べればよい。したがって，図形領域における学習では，最も特殊な多角形である三角形の合同が探究の対象になる。

　すでに述べたように，ある三角形に合同な三角形を構成するためには，その3つの頂点の関係を保存したまま移動させればよい。2つの頂点が決まれば線分も決まるから，素朴な合同条件は「3辺がそれぞれ等しい」になる。すなわち，角の大きさに着目する「2辺とその間の角がそれぞれ等しい」と「1辺とその両端の角がそれぞれ等しい」の条件は，合同変換から素朴に出てくるアイデアではない。そのため，これら2つの条件は，3辺が決まらなければ合同な三角形をつくることができないかどうかの探究から構成されることができる。

> **問**　一般の多角形／特殊な図形である正多角形の合同条件を導出しなさい。

3．相似の中心に基づく拡大図・縮図

相似とは一般に次のように定義される（図9‐4）。

> 2つの図形F，F'で，一方の図形を移動して相似の位置に置くことができれば，F，F'は相似であるといい，相似な図形を相似形という。

（赤ほか，1970）

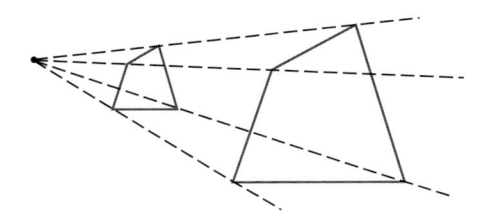

図9‐4　相似の中心に基づく図形の拡大・縮小

　相似な図形の性質として，対応する辺の長さの比は等しいこと，対応する角の大きさは等しいこと，がある。しかし我々は，合同の場合と同様，三角形の相似条件に見られるように，この性質を相似の定義とすることがしばしばある。つまり，「2つの図形について，その対応する辺の長さの比や角の大きさが等しいとき，2つの図形は相似である」と考えるのである。両者を区別すれば，相似の位置による第一の定義は動的であるが，第二の定義は静的であり，図形を移動させる必要がない。また，第一の定義は曲線図形にも適用できるが，第二の定義はそうではない。本講冒頭で示したような，最初から種々の図形が与えられ，ある図形と「形が同じで大きさの違う」図形を探す活動は，静的な第二の定義に通じている。数学的な操作の重要性に鑑みれば，第一の定義から第二の定義を抽象するという順序で学習が進展していくべきである。しかし，合同の場合と同様，必ずしもそうなってはいない。まず動的な第一の定義を扱い，そこから静的な第二の定義を探究させ構成させるような活動の展開にする必要がある。

　教科書上では，拡大・縮小（相似）はしばしば次のように定義される。「ある図形を，形を変えずに一定の割合で大きくすることを拡大，小さくすること

を縮小という」（小），「2つの図形について，一方の図形を拡大または縮小したものと，他方の図形が合同であるとき，この2つの図形は相似であるという」（中）。これらは，図形を拡大したり縮小したりすることで操作的に相似を定義しようとしている点で第一の定義に近いといえる。しかし，その形を変えずに図形を拡大・縮小するためには相似の中心を意識しなければならないが，相似の中心はしばしば拡大図・縮図の定義と連関しておらず，単元末においてそのような図形をかく際の手段の1つとなっているだけである。動的な第一の定義から拡大・縮小（相似）の探究を始めさせるには，相似の中心の扱いを検討することが求められる（例えば，伊藤（1993a，1993b）を参照）。

　学習者が相似を構成的に探究するためには，相似の中心のアイデアをいかにして導入するのかにかかっている。相似の中心を用いた第一の動的な定義やそれに至る活動がほとんどみられないのは，一般の図形の相似を扱っていないことに一因があるのかもしれない。方眼紙による図形の拡大・縮小は，一般の図形に対しても同様に適用するのは困難である。したがって，多角形や曲線を含む図形を用いて「形が同じ」図形を構成させることは，相似の中心に目を向けさせることを容易にすると期待される。

　相似の中心を用いて，ある図形を相似な図形に変換することは相似変換とよばれている（赤ほか，1970）。相似変換は，合同変換に加え，相似の中心による拡大・縮小を含んでいる。合同変換では任意の2点間の距離が変わらないため，辺の長さ，角の大きさ，図形の面積などが不変量であったが，相似変換では辺の長さの比，角の大きさなどが不変量になる。不変量の観点からすれば，「形が同じ」は「角の大きさが同じ」と読み替えられなくてはならないが，小学校第6学年「拡大図と縮図」単元において，「形が同じ」が何を意味するのかがどれだけ明確にされているのだろうか。「形が同じ」という図形の直観的な判断と図形の構成要素を用いて「角の大きさが同じ」と分析することは全く異なる活動であるから，その進展を丁寧に扱いたい。

　相似もまた図形間の関係についての数学的対象であるから，多角形に限定されるわけではない。曲線で囲まれた2つの図形でも，それらが相似かどうかを検討することはできる。しかし，曲線を構成するすべての点について相似の位

置にあるかどうかを調べるのは容易ではなく，直観的な認識にとどまらざるを得ない。一方，線分で囲まれた図形の場合，各頂点が相似の位置にあることを調べるだけで済む。特に三角形では 3 つの頂点を相似の位置に置くことができることを調べればよい。したがって，最も特殊な多角形である三角形の相似条件が探究の対象になる。

　ある三角形に相似な三角形を構成するためには，相似の中心を用いて，対応する辺の長さの比と角の大きさが変わらないようにその 3 つの頂点を移動させればよい。三角形の相似条件は「三組の辺の比が等しい」，「二組の辺の比が等しく，その挟む角の大きさが等しい」，「二組の角の大きさがそれぞれ等しい」の 3 つである。三角形の合同条件の場合，二角だけでなくその間の辺が等しいことも条件に含まれるが，三角形の相似は二角相等だけで成り立つ。より少ない条件で相似な三角形を構成できないかどうかを探究することは大切にしたい数学的活動である。

> 問　学校数学では三角形の相似条件は操作活動を通して証明なしで認められる事柄である。一方，ユークリッド幾何学では定理の扱い，すなわち証明される事柄である。△ ABC について上記 3 つの相似条件に従って△ DEF をつくるとき，△ ABC と△ DEF が相似になることをそれぞれ説明しなさい。

4．種々の変換

　本講の冒頭でも述べたように，探究される図形の性質は，図形間にどのような同値関係を設定するかに応じて決定される。算数・数学科では合同と相似という 2 つの同値関係が明示的に取り扱われるが，この他にも様々な変換と，その変換に基づく同値関係を考えることができる。学習指導要領や教科書に記載されている指導・学習内容を相対化し，俯瞰的な視点からそれらを捉えるためにも，いくつかの変換について簡単に触れておこう。

① 射影変換と射影幾何学

　例えば，図9-5に示された5つの図形を「う，え」と「あ，い，お」という グループに分類した児童がいたとする。このとき，その児童はどのような 「同じ」の観点から分類を行ったのだろうか。

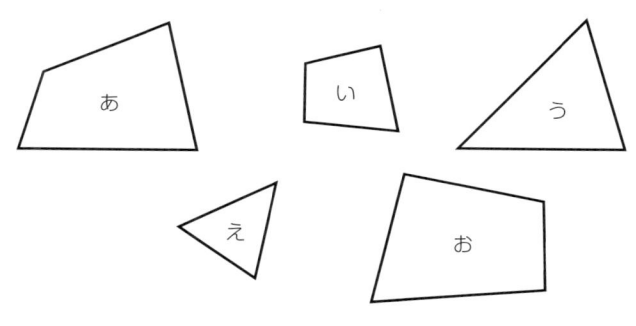

図9-5　5つの図形

　想定される「同じ」の観点の1つに，「三角形」と「四角形」という分類の 仕方がある。この分類の観点は，三角形であれば形や大きさが異なっていても 「同じ（仲間）」と捉え，同様に四角形であれば形や大きさが異なっていても 「同じ（仲間）」と捉えるというものである。これは，数学的には，「射影変換」 と呼ばれる変換によって互いに移り変えられる図形となっている。

　射影変換の定義など詳細は他書に譲る（例えば，西山（2013）を参照）が，そ のイメージは次のようなものである。1つの光源とスクリーンを用意し，その 間に三角形型の枠をかざしてみる。このとき，スクリーンには枠の影として， もとの三角形とは大きさも形も異なる三角形が映ることになる。これが，もと の三角形の射影と呼ばれるものである。ここでさらに，三角形型の枠を光源と スクリーンの間でいろいろと動かしてみると，その射影としての三角形も様々 な大きさや形に変換される。

　この変換における不変量を探究するのが「射影幾何学」である。合同変換や 相似変換のときには，不変量として様々なものを例示することができた。一方， 射影変換における不変量は何かと尋ねられると，複数の例を容易に示すことが できるわけではない。ここでは，射影変換における重要な不変量の1つである

「複比」を例示するに留めておきたい。

　複比とは，「『辺（線分）の長さの比』の比」のことである。例として，点を点に射影した場合について考えよう。図9-6のように，点Oを光源と見立て，直線 l 上の点 A, B, C, D が m 上の点 A′, B′, C′, D′ に射影されているとする。

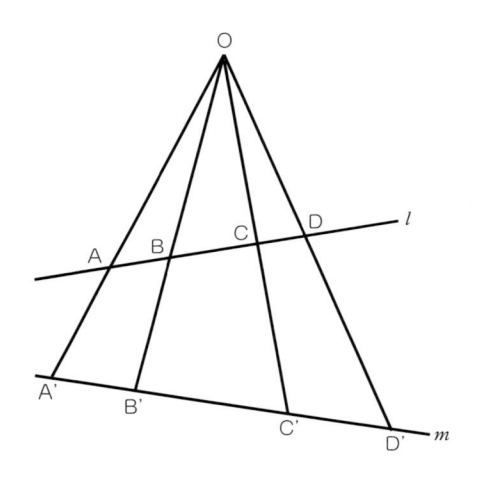

図9-6　複比

　このとき，複比とは（AC：CB）：（AD：DB）のような比のことをいう。なお，ここで各線分の長さは方向をもつ長さを表すことに注意する必要がある。すなわち，CB＝－BC などが成り立つということである。さて，射影変換において複比が不変量であるというのは，次のような等式

$$(\mathrm{AC/CB})/(\mathrm{AD/DB}) = (\mathrm{A'C'/C'B'})/(\mathrm{A'D'/D'B'})$$

が成り立つことを指している。一見してこれを自明と感じられる読者は少ないだろう。このように，合同や相似の場合とは異なり，射影変換における不変量ともなると，直観的な把握が難しくなる。

②　位相幾何学

　合同，相似，射影の順に変換を見ていくと，条件が順次緩和されていること

がわかる。条件をどんどん緩めていったとき，それでもなお保存されるもの—不変量—は何だろうか。このような素朴な疑問のもと，条件をさらに緩和したものが「同相」と呼ばれる同値関係であり，同相性を保つ変換における不変量を探究するのが「位相幾何学」である。なお，この変換のことを位相変換と呼ぶことは確かに自然ではあるが，一般には物理学における波の位相（例えば交流電源の電圧）の正逆を変えることを指すため，位相変換の語は用いないのが普通である。

　同相性について正確に理解するためには，位相空間に関する用語を用いて記述しなければならないが，これも他書に譲ることとする（例えば，松本（1985/2012）を参照）。本講では，すでに述べたように合同や相似などの同値関係を相対化することをねらいとしているため，そのイメージを捉えることのほうが重要である。ここでは，同相性を保つ変換のイメージを「つながり方を保つ変換」と表現する。例えば，図9-7の左では2点A, Bが線分で結ばれているが，右では曲線で結ばれている。

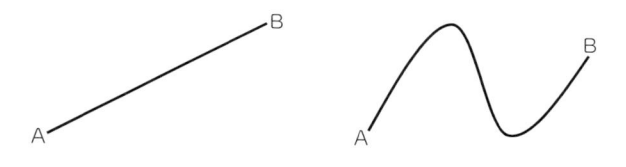

図9-7　2点の結ばれ方

　結ばれ方はそれぞれで異なっているが，「2点A, Bは1本の線でつながっている」ということは共通している。このように，線や面を伸縮可能なものと捉え，つながり方が変わらなければ「同じ」とみなす，という同値関係を「同相」と呼ぶのである。

　同相性を保つ変換のもとでは，算数・数学科で異なるものと捉えていた様々な図形が「同じ」とみなされる。例えば，任意の多角形は円と同相である。さらに付け加えるならば，そのときの図形の大きさは関係ない。また，これを立体図形にまで広げて考えれば，任意の多面体（もちろん正多面体でなくてもよい）は球と同相であることもイメージできる。

　このように，同相性は合同や相似よりもかなり緩い条件で「同じ」の基準を定める。では，ここまで条件を緩めたとして，つまり，一見してほとんどすべての図形を同一視するとして，そこにどのような価値があるのだろうか。少々あいまいな言い方になってしまうが，それは「より条件を緩くして，包括的な対象を考えていくとき，それでもなお残る差異があるとすれば，それは図形の本質的な差異である」という考えに基づいている。ここでは，その差異の一例を示そう。図9-8に示したのは「トーラス」と呼ばれ，ドーナツや浮き輪のように穴の空いた図形である。

図9-8　トーラス

　トーラスは，球と同相でないことが知られている。図を見ればわかるように，トーラスと球との差異は「穴が空いていること」である。なお，穴が空いているとは数学的にどのようなことを指すのか，それをどのように調べたり判断したりするのか，といったことは簡単ではない。

　位相幾何学においては，辺の長さや角の大きさという数量は「図形のもつ性質」の対象にならない。そこで対象となるのは，図形上の2点のつながり方である。算数・数学科で取り扱われている内容の範囲に思考を制限すると，線分や辺の長さ，その比，角の大きさ，図形の面積などとして学習指導要領に明記されているものだけを図形の性質として捉えてしまうことになりかねない。しかし，すでに述べたように，これらは数学的には，ごく一部の探究対象でしかないのである。幾何学において焦点となる同値関係は，多くの場合，指定された変換によって移り合う関係として理解される。そして，その同値関係を調べるために，変換における不変量が図形の性質として見出されるのである。このような広い視点をもっておくことは，学習者が数学的活動を通して図形を構成的に探究していく学習活動を考えるにあたって大切な視点である。

> 問　合同変換・相似変換は，いずれも直線を直線に移し，平行な2直線を平行な2直線に移す。このような性質を満たす変換は，合同変換・相似変換の他にはないだろうか。また，このような性質を満たすすべての変換のもとでの不変量には何があるだろうか。

第9講　参考文献

赤攝也・仲田紀夫・辰巳千昭・半田進・岡本光司（1970）『新数学指導事典』近代新書.

伊藤説朗（1993a）『数学教育における構成的方法に関する研究（上）』明治図書.

伊藤説朗（1993b）『数学教育における構成的方法に関する研究（下）』明治図書.

西山享（2013）『射影幾何学の考え方』（数学のかんどころ　19）共立出版.

ヒルベルト，D. & クライン，F.（寺阪英孝・大西正男訳）（1970）『現代数学の系譜　7　ヒルベルト　幾何学の基礎　クライン　エルランゲン・プログラム』共立出版.

松本幸夫（1985/2012）『トポロジー入門』岩波書店.

（大谷洋貴・袴田綾斗）

第10講　文字の式

■　算数に潜在する代数：擬変数

■　文字の意味：変数と未知数

■　式のよみ

第４学年「伴って変わる２つの変量」においては，２つの変量の関係を表を用いて調べ，式にも表す活動が行われる。例えば，以下のような問題で，２つの変量の変化や対応の規則性を見いだすために，どのような指導上の留意点が考えられるだろうか。

> マッチ棒を下のようにならべます。正方形が増えると，マッチ棒の数がどのように変わるか調べましょう。

1. 算数に潜在する代数：擬変数

　本講では，擬変数を「どんな数字を用いても同じことができる定数字」，つまり「文字（変数）の代わりをしうる定数字」（平林，1996：8）と定義する。本講の導入題として，マッチ棒の問題を記したのは，それなりに理由がある。すなわち擬変数に直結する代数的発想が端的に提示できると考えたからである。しかもそこでは算数で暗黙の擬変数が，明示的に示される。「暗黙」にならざるを得ないのは，算数が日常具体の量から出発するからである。ピアジェの用

語を用いるなら，「具体的操作段階」をスキップして「形式的操作段階」に移行できない（ピアジェ，1972）。しかし「具体的操作」の中に「形式的操作」への萌芽は不可欠であり，そのために算数に「擬変数」という装いを与えなければ，日常の用途には過不足ないが，代数への踏み台にはならない。

　おそらく，上記の問題が提示されたならば，正方形の数とマッチ棒の数の間にある関係性を具体的な数を使って調べようとするだろう。そしてそこから，以下のような表を作成することが導かれることが容易に想像できるであろう。

正方形の数	1	2	3	4	5	…	
マッチ棒の数	4	7	10	13	16	…	

　「表から正方形が1つ増えるとマッチ棒が3本増える」，という変化は表を横に見ることで言及が可能である。一方で，表を縦に見るとそこには一定の規則性が見えないという課題がある。「マッチ棒の数－正方形の数」における変化は3，5，7，9とあるから，次は11，13，15，…と予想するかもしれない。しかしその予想では蓋然性を内包したままであり，2つの変量についての対応関係についての式による表現はできていない。そのため，蓋然性を内包しない別の数え方を検討する必要が出てくる。

　上の問題において，いくつか数式を考えることはできるが，どれも答えは13本である。念のためマッチ棒を束にして，1本ずつ数え上げることもできる。しかし束にした途端に算数的な構造が消え，数式に記された合理的な数え方を失う。だから上の式の場合，4つの正方形の「4」に制限されているわけではない。たとえ正方形が5個になろうと6個であろうと，何個になっても，「4」の場所に正方形の数を入れれば，正解は得られる。正解に至る計算過程として式をみるのではなく，式それ自体を対象化する契機が擬変数であり，そこから代数は始まるといってよい。そのため「4」は不定方程式の係数同様に擬変数である。ここで改めて「擬変数」を規定すると，ある定数値を用いてその式が俯瞰できる全体を検討するとき，この定数値を擬変数という。そのため，この学習段階にいる子どもは，具体的な問題場面にいながら，程度の差こそあれ脱文脈化された事態にいるといってもよい。例えばマッチ棒が何段もの正方形を

作る場面でも，マッチ棒で三角形を作る場面でも，この数式は開かれている。

　どんな場合でも計算ができて，ことばに量的な意味付けがなされ，量化された記号として機能を果たしているという意味で，問題の図の「4」は一般化への推論を容易にする役割をもっていると言える。問題の図では擬変数と「コの個数」が対応しているため，子どもは擬変数として「4」を使うことができている。しかし普通は正答に急ぐばかりで，計算プロセスを，式として反省することはあまりない。方法の対象化は数学で常になされることであって，式を正確に記すことは，正解より数学的に重要かもしれない。

　例えば，次の不定方程式を解くときも擬変数的な発想は必要になる。

　　次の方程式を満たす x, y を求めなさい。
　　① 　$3x + 4y = 1$ 　　　　② 　$10x + 12y = 7$

---

　x, y を整数とすると，不定方程式①には必ず整数解はあるが，②にはない。解のある場合はそれを見つければよい。①は $x = -1$，$y = 1$ とすればその解になる。一方で，②には整数の範囲で解が存在しないというのであるから，それをみつけるわけにはいかず，「ない」理由は説明されなければならない。また①の場合それ以外に整数解はないのか，解をすべて尽くすにはどうすればよいのか，が問題になる。一方，②の「ない」条件が明らかにされない限り，未解決のままである。いずれにしろ提示されているのはとても単純な数式なのだから，そこに記された数値を丹念に点検することになる。

　種を明かせば①において，x, y の係数は互いに素であるが②はそうではない。これが整数解の存在と不在に決定的な条件をなす。この事態を一般的に考察するには，①と②の不定方程式が具体的な数値係数の式にもかかわらず，係数を擬変数としてみていかなければならない。問題を解くだけでなくその意味を問うとき，擬変数的な発想は不可欠になる。試しに，②の場合，解のないことは，次のように示すことができる。

> まず x, y の係数の最大公約数 2 で両辺を割る。
>
> $$5x + 6y = \frac{7}{2} \quad \cdots \quad ③$$
>
> ②において x, $y \in \mathbb{Z}$ であるので，$5x + 6y$ は常に整数。しかし，$\dfrac{7}{2}$ は整数ではない有理数。よって等式を満たす整数 x, y は存在しない。

　一般に x, y の係数が互いに素でないときの整数の解の不在は，このように特殊な場合を示せば十分であろう。したがって x, y の係数は自ら擬変数になる。しかし①の場合，「x, y の係数が互いに素である」という解の存在条件は，この例で示されるわけではない。係数を文字記号に置き代えて証明をしなければならない。これが数学的な作法であり，その証明は読者に任せたい。また解の存在を示すために，上記のような解を 1 つ見つければよいというものでもない。他にないか，すべての整数解を網羅するにはどうすればよいかという問題が，新たに発生する。一般的な解が具体的な一例で示せるわけがなく，この場合も文字記号を有効に用いなければならない。もはや「擬変数」という概念では間に合わない。①の一般解についても，読者に任せることにしよう。

　擬変数の限界は算数で習う単元でも示すことができる。例えば 2 年生で学習する「9 のだんの九九」で，「各くらいの数を足しても 9 です」という決まりが発表される。九去法と呼ばれる整数の性質である（第 2 講参照）。一般的な命題にすれば「各位の数値の和が 9 の倍数であれば，それ自身 9 の倍数」というものである。この性質は十進位取り記数法の原理に基づくもので（第 1 講参照），「9 のだん」が九去法に展開するわけではない。思考の対象が形式的な操作の運用を伴う場合や，各々の要素の関係性やつながりを明示する場合には擬変数では対応が困難となるのである。それを補完するのが，量の世界を越えて，数を抽象化した記号代数（文字）なのである。

> **問**　上記の不定方程式における①の一般解を求めなさい。

2．文字の意味：変数と未知数

　歴史は文字の発明以前にはあり得ない[*]。だから文字は情報伝達における時間や空間という物理的制約を解き放つ。しかしそれだけではなく思考を対象化し反省する契機となる。算数・数学の場合，文字の役割は格段に後者に傾く。文字の中でも数字は有史以前遥かな昔に発明されている。アフリカ・コンゴで発見されたイシャンゴ（Ishango）の骨は 1 万 6 千年から 2 万 5 千年前の遺物であるが，そこには線刻で数が記されている。数字である。こうして人類の文字は数字から始まるが，算数・数学の認識は数字から文字・記号へと発展する。

> ＊我々が歴史を知ることができるのは，その当時の文献が言語記号で記されているためである。この文献の有無によって時代を区分する方法が採用されている。西村（1924）によれば，全く文献のない時代を先史時代といい，先史時代と歴史時代の中間に横たわっている神話伝説の時代は原史時代と呼ばれている。

　学校数学における文字の役割には，定数，未知数，変数が挙げられる。定数とはある決まった場面では決まった数値を示しているが，議論が定まって一般的な場面では様々な数値を表す。つまり，ある集合 A における 1 つの元である。未知数とは，その数の値がある決まった議論の場面ではわかっていないが，わかっているものとして扱う数のことである。未知数では値が決まっている。逆に，変数とは，値も決まっておらず，その数の値がある決まった議論の場面でも定まっていない数を指す。関数で用いられる x, y だけでなく，分配法則 $a(b+c)=ab+ac$ における任意の数 a，b，c も変数である。変数を時間，線，角と見なすと，連続的に変化していく量を変数と考えることができるので，変数が連続的であるとすれば，未知数は離散的であろう[*]。

> ＊「数」の集合 $\{a_n|a_n$ は有理数のコーシー列$\}$ によって実数が構成される際，$\{a_n\}$ の元 1 つ 1 つは量ではなく数として認識される。記号代数の台頭によって，自然数の公理化（ペアノの公理）や実数の順序完備性（ワイエルシュトラスの公理）も示された。これによって，変量全体を指し示す変数が連続的であるということを裏付けたのである。

　学校数学における文字（記号代数）とは異なり，文字を用いることの最初の起源は，方程式の未知数を言語代数で表すことであった。エジプトの象形文字

やバビロニアの記数法といったように，それぞれの場所における記数法で，数の代わりに言語代数が用いられている。この方法によって，量や演算，条件や答えなども言語代数で記述され，それは15世紀まで続いた。当時の言語代数は「レトリック代数」，「ことばによる代数」と呼ばれていた（グレイゼル，1997）。特徴的であるのは，未知数を特定の文字で表しているだけで，数のように扱うことができていないということである。

　言語代数から記号代数への移行における決定的な一歩を革新したのはフランソワ・ヴィエタ（Francois, Viete）であった。3乗を cubus，2乗を quadr，×を in，といったように現在の記号代数における使用法とは異なっているが，ヴィエタは様々な問題における量だけでなく，演算記号や順序を定める括弧や等号なども記号代数で示した[*]。その背景には，キリスト教の改革運動が隠れており，他国には読み取られないような暗号文の開発が背景にあった（船山，1991）。

> ＊×は乗法の演算記号として用いられているが，諸外国では×を用いることはほぼ稀で，「・」が乗法の記号代数として用いられている。その理由について，一説によれば文字の「X」と演算記号の「×」が混同する恐れがあるためと言われている。加減で用いられる「＋，－」は元々，過不足を表す記号として用いられていたが，体論によって加法と乗法についての可換体が定義されることによって減法が定義され，「＋，－」にも代数的意味が付与されることになった。

　ヴィエタの功績によって，記号代数の役割が未知数を表すだけでなく，方程式を解くための数になることを示したのは大きい。しかし，ギリシャ数学が幾何学を中心としており，2次方程式になるような問題であっても幾何学を使って，先代の数学者たちが問題を解いていたこともあって，ヴィエタによる文字の使用はギリシャ数学の考えから抜け出せず，記号の使用について難解さが伴っていた。

　このような状況を改善したのがデカルトである。デカルトによって，記号代数が今日におけるそれの使用と同じ用法で普遍化されることとなったのである。そのことは1637年に出版した『幾何学』の中に記されている。同時にデカルトは記号代数を用いて数学の転換点となる変量も導入している。変量とは，代数

を用いて幾何学を捉えようとする試みである。具体例としては，「方程式 $y=ax+b$ における x, y を未知数として見なすだけでなく，x の変量に伴って y が変則する依存関係を示した1次関数の式として見なし，$y=ax+b$ が形成する幾何学的な形は直線になる」といったものである。この試みによって，自然界の変化を連続的に捉えなければならないという必然性が浸透し，後にニュートンやライプニッツによって解析学が創設された。その後，連続性についても数学の研究対象となった。

　このように，我々が目に見える量の世界を越えた世界があるということを，記号代数が明示化したのである。量の世界を越えて数の拡張を構成し，実数を構成することができるようになったのは，デカルトによって修正された記号代数による代数学の発展があったからであるといっても過言ではない。このように，文字の発展の歴史を振り返ることで，代数学の発展過程を見ることができて，教授学的な示唆を得るのである。

3．式のよみ

　式とは統語論的にいえば対象記号，演算記号，関係記号，括弧そして論理記号などを，一定の規則で述べた，有限の記号列を指す（岩崎，2009：179）。関係記号を含むものがセンテンス型の式であり，含まないものがフレーズ型の式である。式とは規約性の強い数学の一種の構文である。

　学校数学における式は，対象記号，述語記号，関係記号，補助記号の4種類の代数記号で構成される。対象記号とは 1，2，3，… といった定数記号に加えて，a, b といった変数記号，虚数単位を示す i やベクトル $(\overrightarrow{AB})$ といった特定記号を総称したものである。対象記号はそれだけで式となる。述語記号とはその記号自体が演算を示す記号のことを指す。具体的には四則演算や $\sqrt{}$ や Σ といった演算記号以外に，f, F, g といった関数を示す関数記号，等号や不等号，合同といった2つのフレーズ型の式を関係づける関係記号も含まれる。論理記号とは，存在や任意を表す限量詞 $\exists$ や $\forall$ などを指す。補助記号とは括弧のことを指す。代入規則，結合法則，交換法則，分配法則といった変形規則に加えて，表現上の規約についての規則などを用いて，これらの式が構成される。

　今日の学校数学で学ぶ代数式の形式性や規則性は簡潔で明瞭に記述されているが，そこに到達するまでに長い時間を要している。歴史的に式の表記が統一されているわけではなかった。実際，1832年にディビッド・ブルースター（David Brewster）が発刊した *The Edinburgh Encyclopædia* の表記法［Notation］によれば，近代的な表記（図では Modern）では $x^3 - 6x^2 + 11x = 6$ と記されるものが，数学者（図では Paciolus, Stifelius, Bombelli, Stevinus, Vieta, Harriot）によって表記が異なっている。

　＊画像は HATHI TRUST Digital Library より引用した。詳細の URL は
　https://catalog.hathitrust.org/Record/001906582（2018. 08. 20）を参照されたい。

　現代の表記方法に至るまでの歴史は長く，表記法にも様々な歴史がある。論理学者のヤン・ウカシェヴィッチ（Lukasiewicz, J.）は数式の記述として演算子を被演算子の前に置いて記述するポーランド記法を発明している。他の表記法として，逆ポーランド記法と呼ばれるものがある。これはポーランド記法とは逆に演算子を被演算子の後ろに置いて記述するというものである。

　　＊これによって，演算子の優先順位や結合性を強調することを意図しようと試みた。
　　1+2をポーランド記法で示せば「＋，1，2」である。ポーランド記法は現在，
　　コンパイラで数式を分解する時の理論として応用されている。

　　＊＊4×2+3を逆ポーランド記法で示せば「4，2，3，×，＋，」である。これは
　　「4と2を掛けて，3を足す」という日本語の並びと構造が似ていることが特徴
　　的である。この理論はコンピュータで応用されている。例としては Postscript
　　で用いられており，我々が日常的に用いている pdf のプログラミング言語として
　　用いられている。

　学校数学で学ぶ表記法はポーランド記法でもなければ逆ポーランド記法でも

ない第 3 の記法である。この記法は中間記法と呼ばれる。ポーランド記法や逆ポーランド記法が開発されたのは，演算子を含めて，コンピュータへの入力信号をなるだけ最小限に抑えようとするためである。

　算数では式を特定の計算の過程として見ているが，算数における式のよみとは，表記された式の量的な意味付けや数の拡張における文脈の中で，対象記号自体が示す内容，フレーズ型の式が示す内容，そしてセンテンス型の式が示す内容の 3 つを推定することが挙げられる。算数における式を読む活動に加えて，学校数学では，式の構成規則に則って式の構造を探究する活動も加えられる。

　式を読むとき，四則演算において加減よりも乗除を先に計算するという規則を我々は算数の段階から経験的に学んでいる。しかし，四則演算において乗除が加減よりも先に演算するというのは，実数が可換体であることを認めているためである。*可換体の定義によれば分配則が定義されているため，加法と乗法では乗法の演算が先行する。括弧を優先するのは結合則が体で定義されているためである。可換体によって式を表記する時の演算と括弧についての規定が確立され，統一した見方が可能となったのである。しかし，このような歴史的背景を算数で教授することはできない。括弧を含む四則演算の順序や，演算の記数法といった表記法の歴史的探訪が見られないのは，探訪を不問としているのではなく，量の世界を越えたところにあるために探訪ができないのである。したがって，歴史的単探訪は教師がもつべき数学的知識として位置付けるべきである。

　　＊可換体とは，加法 $x+y$ と乗法 xy の二項演算（2 個の元に対して 1 つの元を求める操作のこと）が次の 9 条件を満たす代数系のことを指す。

　　1 ）加法が結合則を満たす　$[\forall x,\ y,\ z \in X \rightarrow (x+y)+z = x+(y+z)]$

　　2 ）加法に単位元 $0 \in X$ が存在する　$[\forall x \in X \rightarrow (0+x) = x \text{ かつ } (x+0) = x]$

　　3 ）加法に逆元 $-x$ が存在する　$[\forall x \in X,\ (-x+x) = 0 \text{ かつ } (x-x) = 0]$

　　4 ）加法が可換則を満たす　$[\forall x,\ y \in X \rightarrow x+y = y+x]$

　　5 ）乗法が結合則を満たす　$[\forall x,\ y,\ z \in X \rightarrow (xy)z = x(yz)]$

　　6 ）乗法が可換則を満たす　$[\forall x,\ y \in X \rightarrow xy = yx]$

　　7 ）乗法に単位元 $1 \in X - \{0\}$ が存在する　$[\forall x \in X - \{0\} \rightarrow 1x = x \text{ かつ } x1 = x]$

8）乗法に逆元 x^{-1} が存在する $[\forall x \in X,\ x^{-1}x = 1\ $かつ$\ xx^{-1} = 1]$

9）分配則を加法・乗法が満たすこと

$$[\forall x,\ y,\ z \in X \to (x+y)z = xz + yz,\ z(x+y) = zx + zy]$$

> 問　式「3×5＋4÷2＝17」を，ポーランド記法と逆ポーランド記法の2通りで記述しなさい。

第10講　参考文献

岩崎秀樹（2009）「式」中原忠男編『算数・数学科重要用語300の基礎知識』明治図書出版：179.

グレイゼル，G. I.（保坂秀正・山崎昇訳）（1997）『グレイゼルの数学史』大竹出版.

ジャン・ピアジェ（滝沢武久訳）（1972）『発生的認識論』白水社.

西村真次（1924）『文化人類學』，人類學概論，第1篇，早稲田大學出版部.

平林一榮（1996）「式について―算数優等生を数学落第生にしないために―」『新しい算数研究』309：6-9.

船山良三（1991）『身近な数学の歴史』東洋書店.

David, Brewster（1832）*The Edinburgh Encyclopædia*, 14：522-528. Quoted in（https://catalog.hathitrust.org/Record/001906582）（2018年8月20日）

（紙本裕一）

第11講 統計グラフの小学校における系統の数学的意味づけ

■ 統計グラフの移行による意味付けの必要性
■ 第1学年：絵グラフ
■ 第2学年：絵グラフ
■ 第3学年：棒グラフ
■ 第4学年：折れ線グラフ
■ 第5学年：割合のグラフ
■ 第6学年：柱状グラフ

折れ線グラフの導入において，既習事項の棒グラフとの移行を意識し，棒グラフを作成させた後，変わり方を知るために棒グラフの先端だけに着目させて，棒グラフの先端を線でつなぐような指導がされたとする。この指導に問題はないだろうか？

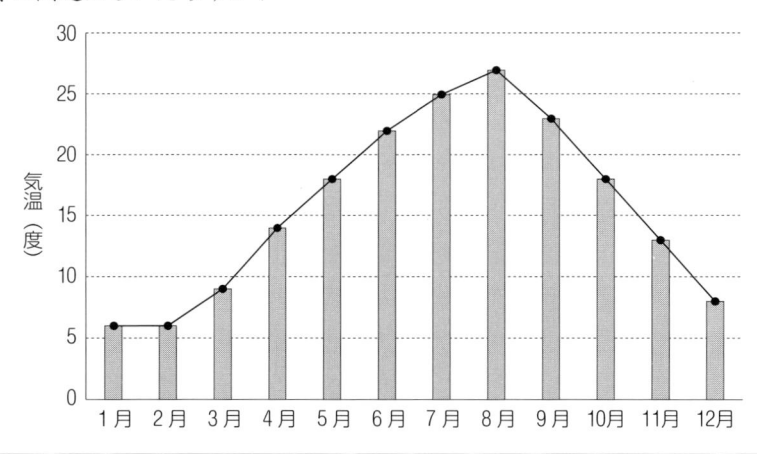

1．統計グラフの移行による意味付けの必要性

　統計（statistics）は「国家（state）の状態（state）」を語源としている。その
ため，何らかの状態を捉えるために，データを様々な形でまとめる役割をもっ
ている。情報化が著しく進む近年，氾濫する多様なデータの中から必要なもの
を取捨選択し，いかに処理・分析し，発信するかは社会を生きていく上で重要
なリテラシーといえる（Ben-Zui & Garfield, 2004）。そのような社会変化に即応し，
小学校算数においても，統計的要素は一層重要視されるようになってきている。

　一方で，統計グラフは，単に統計データをわかりやすく提示するためのもの
という側面以上に，現実的場面から記号的表現へと数学化を図る上で，重要な
役割を担っている。ここにおいては，数学的リテラシーという側面ではなく，
構成主義的視点から統計グラフを考察する必要がある。さらに，種々の統計グ
ラフはそれぞれが独立して存在するのではなく，絵グラフから棒グラフ，棒グ
ラフから折れ線グラフというように，概念を拡張していかなければならない。
そのため，第1学年から第6学年までにおいて，算数・数学的活動の中で統計
グラフの概念の円滑な移行が図られなければならず，また適切な移行を経て，
初めて児童は統計グラフを適切に扱えるようになるであろう。

　そこで本講では，各学年を通し，統計グラフをいかに移行していくのかを考
察していく。本講以外では，川上（2014）なども参照されたい。

2．第1学年：絵グラフ

　第1学年において，様々な形の中で最も基本的な絵グラフを扱っていく。正
式に絵グラフを学習するのは第2学年であるが，数概念や数直観（number
sense）を養うために表現結果として絵グラフを用いるのが特徴といえよう。
例えば，多くの動物が公園で遊んでいる場面を取り上げる。数種類の動物がそ
れぞれ数匹ずつ，公園の中で思い思いに遊んでいる。ここでは，動物は具体性
に富み，それぞれが個性をもつ個別の存在である。その中から，動物の種類に
着目し，抜き出すと次のようにまとめられる。

　このようにそれぞれの動物が種類ごとに縦に並べられることで，多くの具体
的要素が捨象され，着目する視点が鮮明になる。これは，多くの情報の中から

必要なデータを取り出す作業と捉えられる。一方で，それぞれの動物は同一種の中でも大きさや色といった特徴をもち，それぞれがまだ別個の存在であり，数という概念のみを取り出すためには，さらなる抽象化が必要となる。

　ここで，知り得ようとしている情報は，それぞれの種の数であることを明確にしなければならない。そのため，同一種類の動物を，すべて同質のデータとみなし，「数」以外のすべての要素を捨象する必要がある。そこで，大きさや色といった情報を均一化して示すことで，比較すべき対象が背丈や服の色ではなく，動物の数であることが鮮明になる。

　このようにして，第1学年においては，絵グラフを作成するという作業を通すことで，取り扱う対象の抽象化を図り，数を認識する過程を担っている。

3．第2学年：絵グラフ

　第2学年の絵グラフでは，第1学年で扱った絵グラフを第3学年で扱う棒グラフへと移行することを目指している。第1学年における絵グラフは，データの最も基本的な整理を目的としているため，ある1種類のデータのみに着目し，絵を積み上げていくものであ

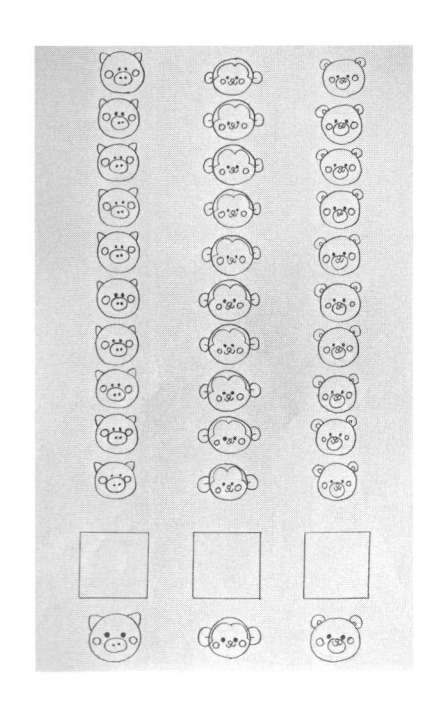

る。動物と頭数の例でいえば，ブタの頭数を知るためにブタのみを数え上げながら，ブタの顔を1頭ずつ色塗りしていくことになる。ところが，動物の頭数を調べることの意味は，各種動物が多いのか少ないのかを判断することにあるため，他の動物との比較が不可欠となる。そのために，比較可能であると判断することが可能な場面設定及び抽象化が必要となる。具体的には，以下に示しているように，第2学年ではマス目を用意し，それぞれの動物の顔の代わりに丸印を当てはめることで数を数えていく。

動物と頭数

ブタ　サル　クマ

　ここで注意すべき点として，丸印が単純に動物の顔を簡略化して置き換えたわけではなく，比較可能なマス目を数え上げる記号として使用されている点が挙げられる。つまり，数えるために必要な要素以外の情報をすべて捨象した抽象的記号であり，この段階になって初めて，数としての純粋な比較が可能となる。

4．第3学年：棒グラフ

　第3学年では，第2学年で扱ったマス目に丸印を入れた絵グラフを基にして棒グラフを扱っていく。ここで大切なのは，絵グラフで扱う数を数えるための積み上げられたマス目という状態が，棒グラフでは連続した数として構成されたy軸へと概念を変容させる必要があるということである。

　そのために，まず上記の絵グラフの丸印の代わりにマス全体を塗りつぶすことによって，1マス1マスがつながり，1本の棒が出来上がる。こうして作成した「動物と頭数」についての棒グラフが以下のとおりだ。

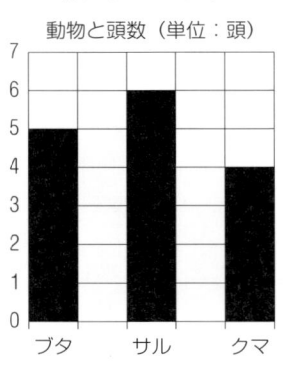

この表記は，絵グラフの丸印を塗りつぶしただけのように見えるかもしれないが，絵グラフと決定的に異なる点がある。それは棒を縦に連続的に伸びた量とみなし，それを表すために横に目盛りを打ち，y軸を構成していることだ。第2学年の絵グラフでは，マス目を積み上げ，対象の個数を数えることで，離散量を比較することができるようになった。棒グラフではさらに，比較の対象を長さや大きさといった連続量へと拡張することで，y軸がマス目ではなく一本の連続した軸として表現されることの意味理解に至り，様々な量を自由に棒グラフとして表され，比較することができるようになる。すなわち，棒グラフは，児童に離散量だけでなく，どのような連続量であってもy軸を構成することにより，自由に表現することを可能にさせる。

5．第4学年：折れ線グラフ

　第3学年までに学習した絵グラフや棒グラフは，y軸を基準に積み上げていく一次元的なものである。水平軸には比較するものを並べ，高さを比べることができるが，基本的にこれらのグラフを作るのに必要なのはy軸に合わせた垂直方向の長さの設定のみである。そのため，絵グラフや棒グラフは絵や棒の順番を入れ替えても問題なかった（例えば，ブタとサルの順番の入れ替えな

ど）。それに対し，折れ線グラフでは y 軸と x 軸の両方を見る必要が出てくる。一方の数の変化に伴い，もう一方の数も変化する，つまり，一次元から二次元への拡張が図られることになる。本講冒頭の問いにあるように，棒グラフの先端をつなぐ形で折れ線グラフの導入指導が行われることがしばしばあるが，棒グラフの棒の順番は交換可能であるため，棒の先端をつなぐことは折れ線グラフの指導方法として適切とはいえない。そして，以下に詳説するが，折れ線グラフの教育的意義が備わっていないという問題点もある。

　多くの教科書では，折れ線グラフの導入に際し，気温の変化を取り上げている。次の例は，東京における 1 年間の気温の変化を表したものである。

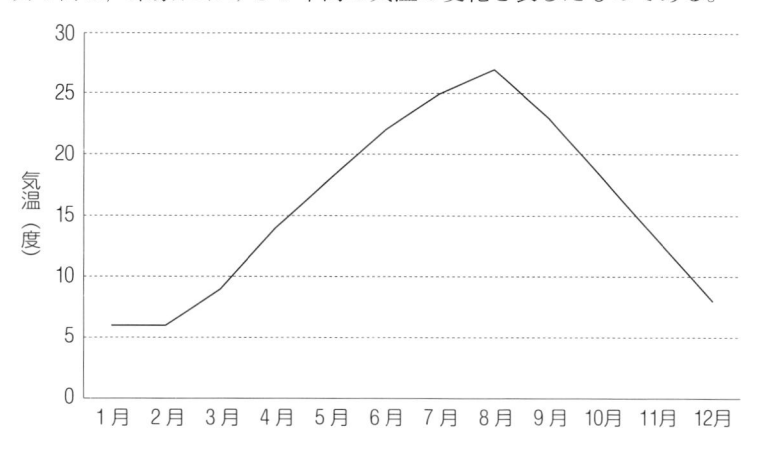

　棒グラフを用いて同じデータを表すと，どのようになるか。棒グラフの場合，高さの比較をすることはできるが，折れ線グラフではさらに，その傾きから変化の度合いを把握することもできるようになる。つまり，棒グラフでは見出すことができない変化の連続性を表現することができる。ところがこれでは，構成された折れ線グラフの性質についての指導はできても，折れ線グラフ（特にx 軸）がいかに構成されるのかについての明示的な指導が為されない。それは，x 軸の目盛りがはじめから等間隔で設定されているからである。そのため，次のような例えば 6 月のデータが欠損したものを折れ線グラフにしたものから，指導を開始することが望ましい。

　一見正しい折れ線グラフのように思われるが，そうではない。この折れ線グラフにおける x 軸の目盛りはすべて等間隔になっているが，6 月のデータが欠損しているため，5 月から 7 月までの部分は他と比べて倍の間隔を空けるのが自然である。これを行うためには，小学校では扱わない散布図が有効である。散布図をかいた上で，時系列に従って点を線で結ぶということである。そうしてでき上がるのが，次のようである。

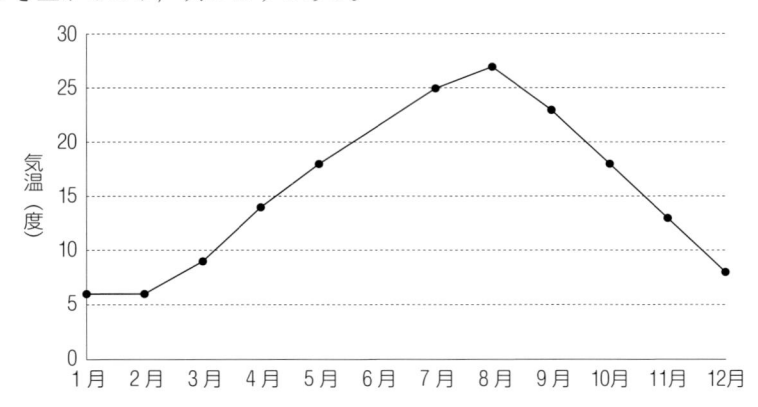

　このようにすれば，自然と 5 月と 7 月間の間隔が他よりも倍になり，結果として折れ線グラフ（特に x 軸）が正しく構成されるのである。
　また折れ線グラフとは，変化を図示するもので，関数への入り口となる。つまりグラフで示した変化を直感的に把握するに留まらず，その先の変化を予想

すること，そしてその要因を説明することまで発展させることが大きな課題として挙げられる。

6. 第5学年：割合のグラフ

　第5学年では，「割合」を学習する。この単元では，まず割合の必要性を導出し，それを適切に表現できる方法を考えていく。ここにおいて，これまでに既習の棒グラフを，割合に合わせて表現できるよう変容させ，さらにより明示的に表現できるよう円グラフへと拡張していく。

　例えば，ショートケーキを作る際の材料について考えてみよう。次のグラフは，ケーキ作り素人ならびにパティシエがショートケーキを作るのに用いた材料の量を積み上げ棒グラフに示したものである。

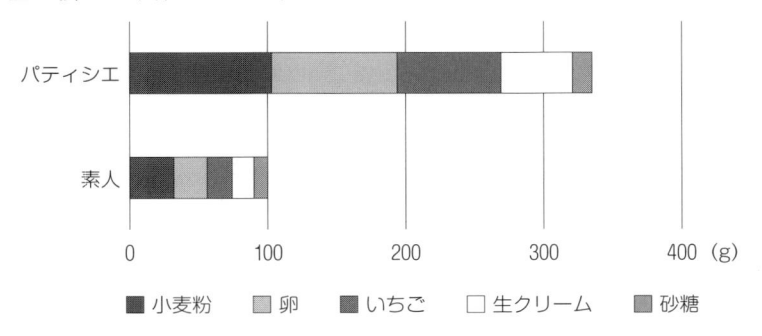

　ケーキ作り素人がパティシエの材料の分量からケーキ作りの改善を図ろうと思った場合，この積み上げ棒グラフでは，パティシエとの差異が何であるのかがわからない。何故ならば，パティシエが作ったケーキは素人が作ったケーキの3倍以上の大きさであるため，グラムの数値による単純な比較ができないためである。そのため，材料の総量の内，それぞれの材料がどの程度の割合を占めているのかを示せば，比較することが可能になる。そして，次頁のような帯グラフ（100％積み上げ棒グラフ）が登場するのである。

　帯グラフ（100％積み上げ棒グラフ）を作成することによって，例えば素人はパティシエよりも砂糖の割合が大きく，いちごの割合が小さいことがわかるのである。帯グラフで表現した瞬間に，図的表現の特性である直感的に把握す

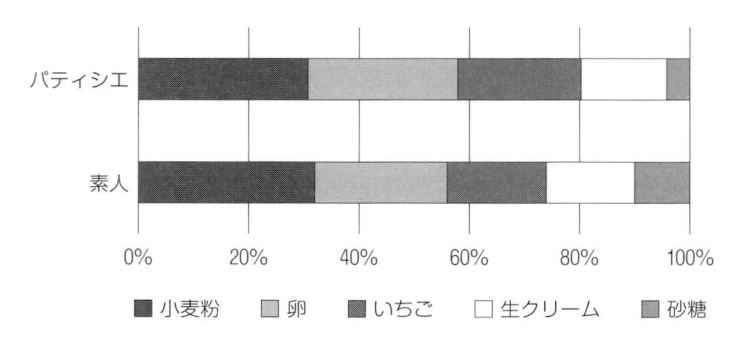

ることが可能となり，児童は数値としてみた割合を，感覚的に捉えることができるようになり，量感の育成につながる。そのため，割合で取り上げる量は，数学的操作的側面のみならず，他教科との関連付けの中で，児童の量感の鋭敏化を促し，発展的な議論へとつながる教材であることが求められる。

　さて，棒グラフは，二者を比較するために有効であった。しかしながら，割合においては，常に比較が必要となる訳ではない。例えば，単純にパティシエの分量を参考にする場合，すなわちケーキ作り素人の分量との比較を行わない場合には，棒グラフを用いる必然性はない。それよりも，より直感的に全体と部分の割合が把握可能なグラフへと移行する必要性が生じ，ここで円グラフが導入される。パティシエの材料の分量を円グラフで表したのが，次のようになる。

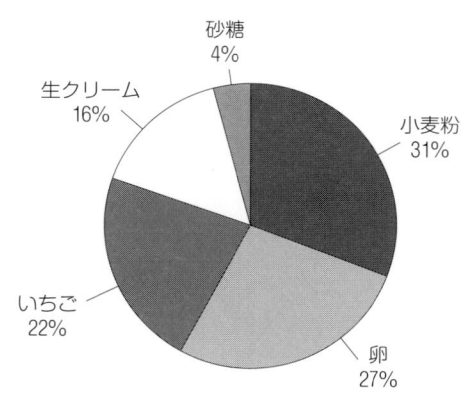

　この円グラフによって，パティシエが作るショートケーキにおける材料の分量の割合がわかり，ケーキ作り素人はこの割合を手本とすることができる。このように，円グラフは比較する状況ではなく，全体を構成する要素の割合を示すことに適している。

　ここまでにおいて帯グラフと円グラフを取り上げてきたが，例えば，割合の経年変化を表すには，円グラフよりも帯グラフの方が適している（國本，2000）。次のグラフは，産業別に就業者の構成率がいかに変化してきたのかを表したものである。

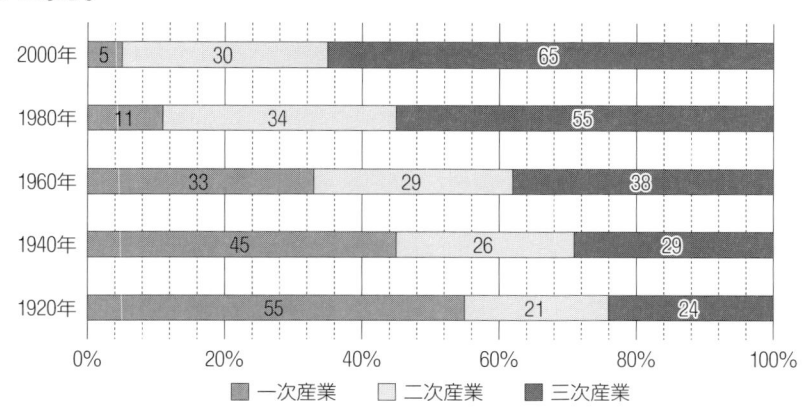

　帯グラフを並べて配置することで，各項目が変化している様子がよりわかりやすくなる。一方で，同様のグラフを円グラフで表しても，帯グラフほど変化を直感的に把握することはできない。何を強調して示したいのかという目的意識のもとにグラフを選択することが求められる。

> **問　積み上げ棒グラフと円グラフを使い分ける要因は何か。**

7．第6学年：柱状グラフ

　第1学年から第5学年までにおいて，絵グラフ，棒グラフ，帯グラフのように複数グラフの比較それ自体を目的としたグラフと，折れ線グラフ，円グラフのように単一グラフの部分間の比較による全体の把握を目的としたグラフの教

授・学習を行う。そして第6学年では、これら二つの目的のいずれにも対応することのできる柱状グラフを扱う。例えば、複数クラスのソフトボール投げの記録を測定し、クラス間の記録の様子を比較する場合や、単一クラス内の記録の様子を比較することによるクラスの記録全体の把握を行う場合が存在する。その両者に共通する事項は分布の様子の理解であり、データの散らばり具合の把握である（Whiaker & Jacobbe, 2017などを参照）。ここでは単一クラス内の記録全体を把握する場合について考えていく。測定したデータを素早く記録する方法として幹葉図があり、これはデータを幹の部分と葉の部分に分けて表現する図である。例えば、記録が16 mであった場合、幹の部分を1（十の位の数）、葉の部分を6（一の位の数）にするという具合である。このようにして作成された幹葉図が以下のようになる。

幹 （十の位）	葉 （一の位）	度数 （人）
1	6 8	2
2	2 2 3 3 4 6 8 9	8
3	1 1 1 3 5 8	6
4	1 2 2 5	4

　幹葉図は素早く記録できるという利点だけでなく、すべてのデータを1つの図中に示すことができる利点、また葉の長さによって分布の様子や散らばり具合も視覚的に把握することができる利点も有しており、度数分布表へのマイルストーンになり得る。幹葉図は現在、我が国では扱われていない内容であるが、我が国以外の各国ではしばしば扱われている。ただし、幹葉図には限界も存在する。上記で示した幹葉図の幹の部分は10 m刻みであるが、2 m刻みや5 m刻みにはすることができない。なぜならば、幹と葉の部分を表記できないためである。そこで、幹の部分を自由に設定できるようにしたのが度数分布表であり、階級が幹の部分の役割を担い、階級の幅を自由に設定することが可能となる。そして、度数分布表を視覚的に示したのが柱状グラフである。階級の幅を10 mにすれば、上記の幹葉図と同じになり、柱状グラフとしては次のようになる。

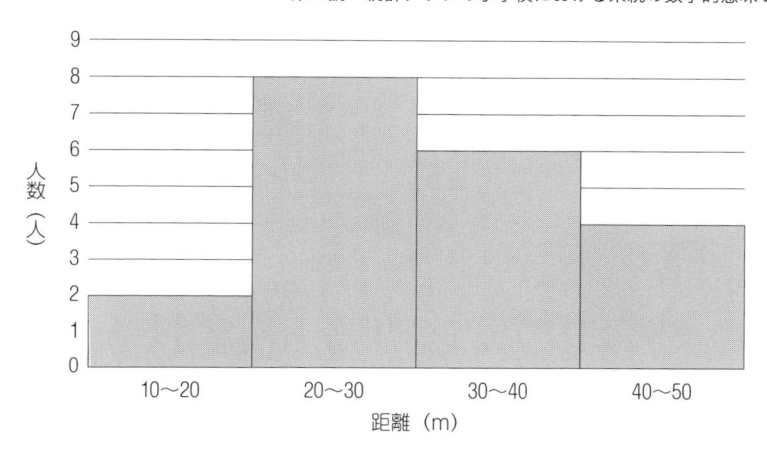

　階級の幅が10mの場合では，大まかな傾向は見えるが，散らばり具合の細やかな傾向は消えてしまっている。そして，階級の幅を5mにした場合の柱状グラフが次の通りである。

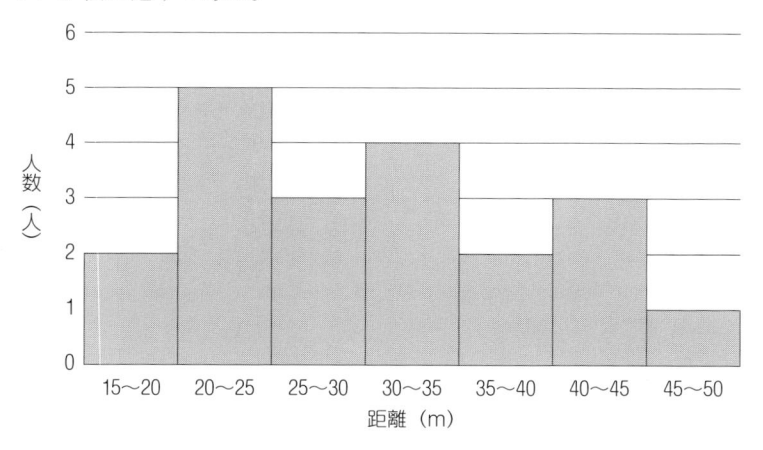

　この柱状グラフでは，階級の幅を10mにした柱状グラフと比べて，より細かな散らばり具合の傾向を捉えることができる。このように，散らばり具合を明確に把握できるような階級の幅を設定する学習段階が必要となる。適切な階級の幅を設定する際に，数学的にはスタージェスの公式が参考になる。第5学年までは，手元にあるデータをグラフに表す作業において，どのようなグラフを用いればよいかを判断することが重要であった。しかし，柱状グラフではそ

れのみならず，階級の幅を適切に設定した後，グラフに表す必要が出てくる。そして，その結果，個別のデータ処理では見ることのできなかった，データ全体の統計的傾向を把握することができるようになるのである。なお，柱状グラフは中学校 1 年生にも位置づいており，そこでは階級の幅が単一ではなく，複数存在する場合の柱状グラフを対象とし，柱の面積が度数を意味しているという柱状グラフ最大の特徴を取り扱うべきである。

> **問　柱状グラフと棒グラフの違いは何か。**

（福田博人・内田豊海）

第11講　参考文献

Ben-Zvi, D. & Garfield, J. (2004) "Statistical literacy, reasoning, and thinking: Goals, definitions, and challenges", D. Ben-Zvi & J. Garfield (Eds.) *The Challenge of Developing Statistical Literacy, Reasoning and Thinking*, Dordrecht, The Netherlands: Kluwer Academic Publishers, 3-15.

川上貴 (2014)「小学校算数科における統計カリキュラム改訂に向けた一提案──『統計的推論力』育成の視点から中学校との連携を考えて」『日本数学教育学会誌』96(1)：55-59.

國本景亀 (2000)「円グラフ・帯グラフ」中原忠男 (編)『算数・数学科重要用語300の基礎知識』明治図書出版：217.

Whitaker, D. & Jacobbe, T. (2017) "Students' understanding of bar graphs and histograms: Results from the LOCUS assessment", *Journal of Statistics Education*, 25(2)：90-102.

第 2 部

算数学習の方法論的考察

第12講　一般化と拡張

- ■　一般化
- ■　「なぜ」という問い
- ■　一般化における記号の扱い方
- ■　拡　張

下図のように，等間隔に並んでいる３本の平行線上の点を結んだ３つの図形⑦〜⑨がある。この３つの図形の面積比を求めよ，という問題を小学校６年生の子どもたちが解いていた。ある子どもは平行線同士の間隔を２cm として計算し，また別のある子どもは平行線同士の間隔を３cm として計算した。いずれも結果は⑦：①：⑨＝６：４：３であったため，ある子どもが高さは何 cm でもよいと考え，□cm と置いて計算し，やはり同様の比になることを示した。

教師は，このように□を用いることで，様々な場合を表すことができることを示してこの授業を終えた。このような指導に何か問題はないだろうか？

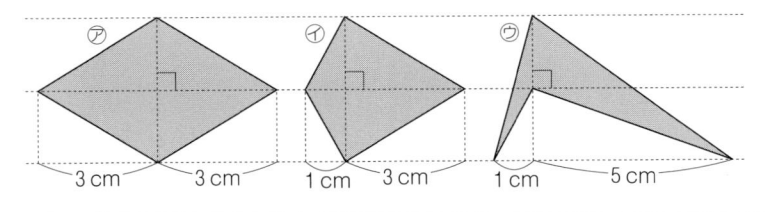

　読者はポーの『モルグ街の殺人』という推理小説をお読みであろうか。その小説では冒頭から数学的思考について解説されている。主人公デュパンは数学的思考の権化として設定され，分析と総合を駆使する探偵として描かれている。テレビでおなじみのシャーロック・ホームズの原型が19世紀中葉パリで生まれ

たことになる。

　分析と総合は古代ギリシャのユークリッド以前にプラトンによって「国家」の中で詳しく論じられている。分析は起源となる既知から，当該知識の全体像を推理する能力であり，一方，総合は未知の発見的認識から，既知の知識構造全体を把握する能力をさす。分析と総合に時間を入れ認知プロセスに注目するとき，算数・数学教育の主要課題といえる一般化と拡張になる。

　数学は，他教科と異なり絶え間のない抽象，そして一般化と拡張を繰り返す。そのような教科構成がなされているから，事前の学習は事後の学習の不可欠な成分になる。実は小学校の割合も高校の微分も，その発想の根源は同じといってよいが，後者には極限の操作が付加されているからその概念は抽象的・記号的・論理形式的にならざるをえない。しかしその結果，割合の及ぶ思考の範囲と精度は格段に増すことになる。

　一般化や拡張の背後では，抽象的な概念を得る代わりに，捨象や特殊・具体の排除がなされるという，ある種の思考のトレードオフがなされていている。その微妙な配合は教授に工夫を求め，したがって学習に知的更新を与えることになる。その様子を伝えるのは本来困難であるが，冒頭の例から始めることが適切かもしれない。

1．一　般　化

　算数・数学の授業では，基本的にはそれまで知らなかった，何か新しいことを既習事項との差違に基づいて発見し，知るようになる。発見はそれだけで終わらない。それはまた知識・技能の更新の基礎に組み込まれ，さらに新たな発見を導く。数学ではこの再帰システムが一般化や拡張で機能する。上記の学習場面では平行線が「高さ」を示唆している。高さが与えられなければそれ以上進めない児童もいれば，勝手に数値を決める児童もいるだろう。何らかの値を採用して比較した結果に基づくか，あるいは未知の具体的な値として，教師は平行線の間隔を仮に□とすることができる。ところが問題は各図形の面積を求めることではなく，その面積比であるから，□で表すことは方法に留まり，解答に現れない。子どもたちは比の問題を個別的な面積の問題に還元しようとし

たのであって，その意味で，平行線という条件がなければ，より具体的な姿勢といってよい。しかしそうであればわざわざ比を問う必要もない。つまり「平行」は一般化を推進する基礎的な条件といえる。

　多くの授業は一般化か，後述する拡張のいずれかを教室全体で目指すことになり，学習の構造もそれらに従うものとなる。ここで一般化とは，「ある対象に見出した事柄の適用範囲を，その対象を含むより広い対象へと広げること」を意味している。冒頭の場面でいえば，子どもたちはまず，「平行線同士の間隔が面積比に影響を与えない」ことを，まずは間隔が2cmの図形と3cmの図形において見出し，次にそのことをあらゆる長さの間隔の場合へと広げている。この意味で，冒頭の場面は一般化を行った学習といえよう。

　しかしここで平行線の間隔を2cmとしている児童には，2つの場合が考えられる。一つは，個別的な図形の面積問題にしようとした場合が考えられる。この様な子どもにとって3cmの場合，4cmの場合……といった帰納的確認は必要かもしれないが，「同じ高さ」から予測済みのことであり，わざわざ□で表す必要性はない。もうひとつの場合は，平行という条件から求める比が平行な対角線の長さに依存することを（かならずしも明示的ではないにせよ）見抜いているが，その事を表す手段が思いつかないために「2」という数字を，用いている場合である。いずれにしろ2を□に置き換える必然性を児童が感じていない以上，教師がわがわざ□を使用して，授業をまとめる必要はない。

2．「なぜ」という問い

　ところで，「人類史の中で，学問としての数学の始まりは何処か？」という問いを考えてみよう。恐らく，もっとも広く受け入れられているのは，紀元前4世紀頃に成立したユークリッドによる『原論』とする答えであろう。しかし，実は原論に掲載されている個々の知識は，多くの部分が原論以前にすでに知られていたものである（中村，1981）。したがって，原論が数学の始まりであるという栄誉は，内容よりもむしろ，その書き方に与えられたものである。

　原論は，最初に定義・公準・公理と呼ばれるものをいくつか示し，それを共通の真理として認めることを読者に求める。すると，以降は認めたものを基に，

一般化することで次々と新しい命題が提示されていく書き方で一貫している。この書き方は，現代の数学の本（教科書を含む）にも継承されていることは，何か一冊でも数学の書を手に取れば明らかである。このように，数学はその成り立ちにおいてすでに一般化と共にあったことが指摘される。

　では，何のためにユークリッドはこのような書き方をしたのか。それは，他者と社会的に共有する知識を作り出すためには，一般化することが不可欠になるからである。冒頭のトピックを例に考えてみよう。まず，子どもたちはいくつかの活動を経て，「平行線の間隔が2cm，3cmの場合でも3つの図形の面積比は変わらない」ことを見出している。そのことに基づき，その関係が平行線の間隔にかかわらず成り立つであろうことに気付く。しかしながら，そのことが本当かどうかはまだわからない。自分だけなら，確かめた範囲で成り立てば十分であるかもしれないが，他者に認めてもらうためには不十分であるし，すべての場合について確かめることは，もとより不可能である。したがって，「平行線の間隔にかかわらず面積比が一定である」が恐らく成り立つのは何故かという問いが，可能ならば子ども自身から発せられる必要があり，またそのことを伝えるために□や文字などが必要とされるのである。いくつかの場合で確かめて成り立った，というのは単なる事実の報告であって説明ではなく，「なぜ」に十分答えているとはいえない。

　このトピックに限らず，一般化と「なぜいつも成り立ちそうなのか」という説明は不可分である。よって，**一般化を意図する学習においては，既有の数学的知識に基づいてある活動が成されたとき，「なぜそうなのか」という疑問に常に立ち返りながら，その活動の数学的な価値をより高める形で発展させる活動が常に仕組まれる**，という構造をもつことになる。ここで，「数学的な価値をより高める」とは，具体的に次の6つの活動のいずれか，ないしはその組み合わせによって実現される（早田，2014）。

① パターンや法則を見付け，推論の適用範囲を広げる。

② パターンや法則を見付けたり仮定したりすることで，問題を簡単に解く

③　ある考え方の元に，様々な対象を取り込んで統合する

④　解決や式などに潜む対象を数学的に価値付け，新しいことを発見する

⑤　知っている事柄と推論から，新しい事柄を作り上げる

⑥　自らの考えを，他者と共有可能なものへと高める

　それでは，ある活動が，具体的にどのような様相でその数学的な価値を高めることになるのか。冒頭のトピックにおける「なぜ」を基に活動例を示していこう。

3．一般化における記号の扱い方

　このトピックの場合，平行線同士の間隔の具体的な値が面積比に影響を与えないことは，いくつかの場合で試してみることで簡単に推測することができる。では，それは何故一般的に成り立つのだろうか？　ここで，3つの図形はすべて，いくつかの三角形に分割することができることに注目できる。子どもたちは，底辺の長さが2倍になると三角形の面積が2倍になり，高さが3倍になると面積は3倍になる……と，三角形の面積が底辺と高さに比例することを知っており，このことを利用して三角形の面積の比を求めることができる。これによって，平行線の間隔に関係なく面積の比は一定であることが確かめられる。

　さらに，3つの図形をそれぞれ三角形に分割するというアイディアから，改めて㋐〜㋒の図形を見てみよう（図12-1）。すると，底辺と高さによって面積の比が決まり，かつ平行線同士の間隔を底辺と見なすと，㋐と㋑は底辺が2である2つの三角形であり，㋒は底辺が1である2つの三角形であることが見えてくる。このことに基づき面積比（実際には高さの比）を計算すると，㋐は $(3+3) \times 2 = 12$，㋑は $(1+3) \times 2 = 8$，㋒は $1+5 = 6$ であることが求められる。これは，一つ一つの図形の面積を個別に求めていくよりも，随分と簡潔な方法であり，当初の解決方法が洗練されたといえる。しかし，更に発展させることはできないだろうか。

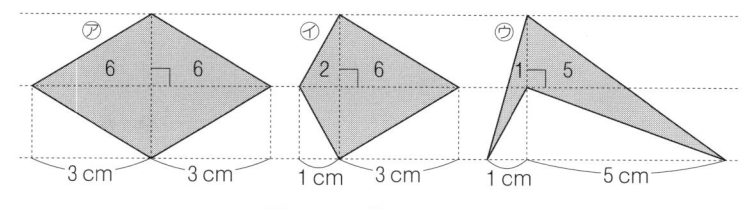

図12-1　比による見方

　平行線同士の間隔の幅はそれぞれの図形の対角線の長さであり，㋐と㋑については横幅もまた対角線の長さに一致する。㋐の図形はひし形であり，「対角線×他方の対角線÷2」で面積が求められるということを児童はすでに知っている。すると，同じ考え方で㋑の面積も求められることに児童は気付くことができる。こうすると，㋒はどうだろう。

　通常，そのように見ることはほとんどないが，右図のように横幅もまた対角線であると見なすと，やはり「6×□÷2」と，「対角線×他方の対角線÷2」の方法で面積を求めることができることに気付く。こうしてみると，結局㋐～㋒は対角線が直行する四角形という意味で，すべてひし形の仲間であり，よって面積比は対角線

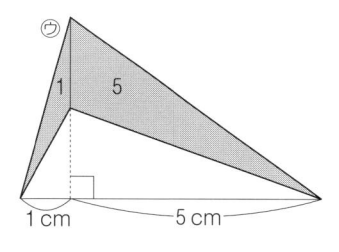

図12-2　見方の変容

同士の長さを掛けあわせたものに還元されるのである。

　このとき，ひし形の求積方法「対角線×他方の対角線÷2」は，当初の形から何ら変更が加えられず，その適用範囲だけが広げられているため，一般化しているといえる。この一般化は，最初に高さを□と置いた一般化とはやや様相が異なる。最初の一般化は，法則やパターンを見抜いて記号で表すような一般化であった。一方，次に行われた一般化は，すでに記号化されて一般的に成立しているひし形の求積方法にどのような対象が含まれるか，ということを追求する一般化であった。我々は一般化するというと，前者のような，何か法則やパターンを記号で表すということに数学的な価値を置きがちである（もちろん，重要なことだが）。しかし，すでに一般化され記号で表された事柄に，どのような特殊な対象が含まれているかを追求することによる一般化もまた重要であ

り，数学的にも教育的にも後者を追求することが有用であることが多い（ポリヤ，1959）。これは，記号というものが，先に述べたようにそれ単独で一般性を表しているのではなく，子どもが一般性を表していると見なして初めてそのように見えるからである。言い換えると，数学的な記号は何らかの対象や法則などを単に表すために使うものである以上に，それ自体が更なる数学的探究のためのツールなのである（Dörfler, 1991）。

　このような活動に取り組んでいない子どもに，「㋐〜㋒はすべて（ある観点で見れば）ひし形の仲間だ」と教師が言ったとしても，特に㋒について子どもたちが認める可能性は極めて低いであろう。それは，見た目がひし形と著しく異なるからである。しかし一般化を通して，3つの図形を観る目を変容させ，またそれを他者と共有していくプロセスを達成することで，子どもたちは知的な喜びを味わうことができる。一般化とは，ただ単に文字や□で表して終わりでは無く，原理的な数学的活動（現在のトピックであれば等積に変形する）に立ち返ることをさす。さて，これまでは等間隔の平行線で考えてきたが，そうでない場合について，次節に目を移す前に読者の方で一考していただきたい。

4．拡　　張

　エンドウの観察からメンデルの法則が生まれたとは思えない。様々な形質の発現を許す法則の創発ののち，エンドウばかりかすべての植物や動物に適応できる遺伝法則が成立する。その意味で科学は観察の延長にあるのではなく，観察を超えた拡張にあるといってよい。こうした認識の飛躍は科学者の独壇場ではなく，算数の中にもある。

　一般化の文脈では，平行線によって各図形の高さを変えていない。その前提下で各図形の面積比は議論され，等積変形によって一般化への推論は可能になる。しかし「等高」という制限を外すと，求積の議論には三角比が必要となり，既有の知識の総動員では間に合わない。新たな視点が求められる。面積比と三角比は学校種の異なる指導単元であるが，「かけ算」のように小学校の指導内容であれ，後に触れるが拡張という認知的な創発を促す場面は不可欠になる。ここでは，次のような文章題を通して，小学校第5学年の子どもが初めて「×

小数」のかけ算に直面する場面を考えてみよう。

> **問　1ｍで40円のリボンがあります。このリボンを3.5メートル買うと，値段はいくらになるでしょう？**

　この文章題の前段で，何度か乗数を整数にする場面を挟んでおけば，解を求める計算式は「40×3.5」と導出できる。形式的な計算も二位数×二位数の場合と異なるものではない。しかし小数をかける意味となると，それまでの同数累加では説明できない。通常の小数のかけ算は，「基準量の何倍」という，割合によって意味づけされ，右の図のように示されるのが普通である。

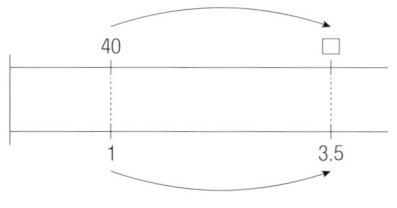

図12‐3　数直線によるかけ算の意味付け

　乗数は任意の小数であるから，その意味は，2つの線分図の対応で視覚化できるものの，「40を1とみなしたときの3.5にあたる値」という，割合によってはからなければならない。このことは乗法に留まるものではなく，その逆演算である除法にも広がってゆく。つまり，同数累加や同数累減によって乗除を理解するのではなく，割合によって理解を拡張しておかねば，極端ないい方になるが，それ以降の算数・数学の学習に支障をきたすことになる。関数が難教材として子どもの前に立ちはだかるのは，小数乗に始まるのかもしれず，その意味で根は深い。

　このように考えれば，「同数累加」では説明ができない小数のかけ算に直面したとき，それとは異なる意味の創発が不可欠になる。前述したように，一般化とは，既有の数学的知識を連続的に発展させ続けていく活動であり，授業もそのような構造をもたねばならない。一方，上記のような理解の拡張を求める場面では，一般化とは異なる活動や授業の構造が必要とされる。学習は知的な更新を促さなければ学習とはなりえないが，拡張はそれまでの知的枠組みを変更するような学習であるため，一般化に比べ難教材であり，その学習指導には入念でありたい（中島，1981）。この点を，リボンの問題を例にとってもう少し深く掘り下げてみよう。

① すでに知っている整数のかけ算と類似している（ように見える），新しい場面に直面する

　子どもたちは，小数のかけ算を習うまでに，すでに十分かけ算に習熟している。問題場面はリボンの値段を求める場面であり，例えばリボンが 3 m であるような場合について，子どもたちは「40×3」と立式できることをすでに十分学んでいる。この際に，こうした式の意味である同数累加を計算する度に意識することはない。以上のような背景から，実は同数累加では説明が付かない場面であるにもかかわらず，子どもたちが自然に「40×3.5」を立式することが期待される。それゆえに，子どもたちはすでに知っている整数のかけ算に類似した，小数のかけ算（正確には，まだかけ算とは断定できないのでかけ算らしき計算である）に直面することになる（溝口，2003）。

② 整数のかけ算で成り立つ意味「同数累加」が，小数のかけ算においては成り立たないことを認識する

　問題場面において，0.5メートルは 1 メートルの「半分」として考えることができる。したがって，「40×3.5」という立式に対して，「40＋40＋40＋20＝140」と考えることで，問題場面の答えである140円を求めることはできる。しかしながら，整数のかけ算の意味である同数累加を考えたとき，「40×3.5」が「40を3.5回足す」という意味であることは明らかに成り立たない。したがって，「40×3.5＝140」という小数のかけ算（繰り返しになるが，この時点ではかけ算らしき計算）は，どのような意味をもつ計算であるかが問われる。

③ 認識を飛躍させ，小数のかけ算に対して，「割合」という全く新しい意味を作り上げる

　前述した問いに取り組んだとして，小数のかけ算の意味としての割合が子どもたちによって直ちに採用されるとは考えにくい。そこには，認識の飛躍と，未知に対する知的なチャレンジが必要だからである。したがって，教師は子どもたちに対する様々な手立てを用意しなければならない。この場面の場合，例えば第 3 講で述べたように，二本の数直線を一貫してかけ算の指導に用いる，

問題場面に割合を連想しやすいと期待されるリボンを選ぶ，といったことが挙げられる。もちろん，そのような工夫は，子どもたちの興味や関心，傾向を一番よく知っているはずの教師が考えなければならないことであり，ここに述べたのはあくまで一例である。しかし，それらよりもなお重要なのは，算数・数学は人間の知的かつ自由な精神的活動の産物である，ということが，普段の授業等を通して子どもたちに承知されていることであろう。

④ 「割合」の意味を改めて整数のかけ算に適応すると，既知である「同数累加」と同値であることを確かめ，小数のかけ算と整数のかけ算を統合する

　しかしここまでに述べた活動の結果，「小数のかけ算の意味は割合である」と考えたとしても，それは整数のかけ算や，そこで成り立つ同数累加を元に作り上げたものではない。そのために，割合の意味が今までのかけ算とどのような関係にあるか，ということが問われなければ，割合の意味をもつ「40×3.5」は依然として「かけ算らしき計算」のままである。そこで，割合の意味を改めて整数のかけ算に適用してみよう。例えば「40×3」に適用すると，「40を 1 とみたときの 3 にあたる値」であり，これは同数累加と（結果において）同じと見なすことができる。この認識をもって，初めて割合の意味をもつ「40×3.5」がかけ算であることが確立される。このように，小数のかけ算の意味をまず作り上げた後，既存の整数のかけ算の意味をそこに埋め込むことで，初めてかけ算の意味が拡張された，といえる。

　以上が小数のかけ算の意味を拡張とする理由である。つまり小数乗の意味を既有の同数累加に同化させることができないので，新たな知識を構成し，その知識の下で，既有の知識も含めて統合する認知プロセスである。乗法・除法の同数累加という意味と，割合という意味は，一見すると全く異なるものに見える。しかし，一度ある見方に達したならば，一つの数学的概念としてこれ以上ないほど緊密に統合される。この高度に抽象的かつ具体的な関係は，数学を特徴付ける事柄の一つである。しかし，未知の事項に依存し，認知的な飛躍をともなう学習指導のため，拡張の指導には困難をともなう。そのため結果の暗記

と繰り返し練習による記憶の強化に指導は走りやすい。同様の指導は小数の割り算，分数のかけ算と割り算，中学校を視野に入れると負の数の乗法・除法などが挙げられる。しかしどの場面の乗除であれ，たとえ無理数のときであれ，基準量と比較量の割合によって，その意味付けはなされる。

　数の拡張に際しては注意するべき点が一つある。それは，拡張前の領域で成り立っていた性質が，拡張後の領域へ保存されるとは限らない，という点である。小数乗の場合，例えば整数乗では成立していた「かけると大きくなる」ということは成立しない。小数も整数も底は共通するから運算は同じである。ただし小数点の打ち方に注意を要する。こうした操作は形式的に処理できるため，計算結果の大小が整数の場合と異なる場合があり，学習者は驚くことになる。

　数の拡張は教科書ではしばしば包摂関係で示されている。しかし数に付随する演算にまで及んでいるわけではない。それを明らかにするなら代数的に同型という概念が必要になる。そのため整数の集合を小数の集合に埋め込まなければならない。そうなると両者の演算が区別できるし，演算の意味づけも別であってよい。整数乗と小数乗を累加と割合で区別できるのはこのためである。

　むろん割合の発想は累加を含意するし，それは傾きや微分にも発展していく。こうした知的枠組みの更新や展開は，数学の内部では拡張として説明される。初等段階の小数乗の場合であれば，高等段階の同型や「埋め込み（embed）」によって数学的に明示できる。しかし教育的には，メンデルの法則で喩えたように，新たな概念を設けることで，それまでの様々な知識が統合・発展的にまとめられる，という以外にない。またそのように述べることによって，数学概念の教育的普遍性は高まることはあっても，その意味や価値を損なうことは決してない。算数・数学が学校教育の教材に位置付くのはこのためである。

　一般化と拡張は古代ギリシャ以来，真理を探究する理性への要請といえるが，冒頭のデュパンの締めくくりのコトバを引用すると，「あるものを否定し，ないものを説明する」知的な更新，ということになろう。数学的活動の本質ともいえる。

第12講　参考文献

岩崎秀樹（2007）『数学教育学の成立と展望』ミネルヴァ書房.

エドガー・アラン・ポー（佐々木直次郎訳）（1951）『モルグ街の殺人事件』新潮文庫.

友定章子・姫田恭江・溝口達也（2006）「授業設計における一般化と拡張を志向した算数的活動の構成の様相」『鳥取大学数学教育研究』9（1）：1-10.

中島健三（1981）『算数・数学教育と数学的な考え方　その進展のための考察』金子書房.

中村幸四郎（1981）『数学史―形成の立場から―』共立全書.

早田透（2014）「数学学習における一般化の機能に関する研究」『全国数学教育学会誌数学教育学研究』20（2）：31-38.

プラトン（1979a）『国家〈上〉（藤沢令夫訳）』岩波書店.

プラトン（1979b）『国家〈下〉（藤沢令夫訳）』岩波書店.

ポリヤ，G.（柴垣和三雄訳）（1959）『数学における発見はいかになされるか1　帰納と類比』丸善（原著版は1953年）.

溝口達也（2003）「学習指導における子どものコンセプションの変容に関する研究」『鳥取大学教育地域科学部教育実践総合センター研究年報』13：31-41.

ユークリッド（中村幸四郎訳）（1971）『ユークリッド原論』共立出版.

Dörfler, W.（1991）"Forms and means of generalization in Mathematics", A. J. Bishop, S. Mellin-Olsen & J. v. Dormolen（Eds.）, *Mathematical Knowledge: Its Growth Through Teaching*, Dordrecht, Netherlands: Kluwer: 63-85.

Tatsis, B., M., & Tatsis, K.（2012）*Generalization in mathematics at all educational levels*, Rzeszów, Poland: Rzeszów University.

（早田　透・岩崎秀樹）

数学的な説明

■ 説明と証明
■ 操作的証明
■ アーギュメンテーション

「三角形の内角の和が180°である」という事柄が正しいことについて，算数では，形の異なるいくつかの三角形の内角をそれぞれ測ることにより説明することがある。しかし，こうした実測による説明は，いくらたくさんの三角形で確かめたとしても，その事柄がいつでも成り立つ説明とはみなされない。算数における説明と数学における証明は何が異なるのだろうか。

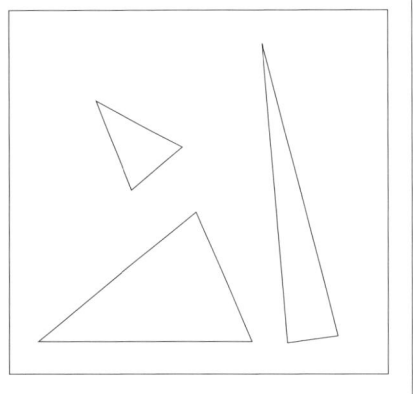

1．説明と証明

1.1　数学的活動としての説明

　算数・数学では，数，図形，関数，確率など，様々な「内容」を指導する。それらは，学習指導要領では各学年の指導内容として示され，教科書では目次や単元名として示されている。こうした内容は，数学的活動の所産（結果）として得られるものである。一方，本講のテーマである「説明」は，数学的活動のプロセス（過程）である。学習指導要領解説では，算数科の内容領域（A〜D）と数学的活動との関係を図13‐1のように示している。わが国の学習指導

要領には，目標や内容は明示されるが，明確な方法領域は設定されていないため，「数学的活動」も内容として位置付けられている。しかしこの図は，算数科の各内容が（過程としての）数学的活動と密接不可分の関係であることを示唆している。

　数学的活動の中には，「数えること」や「測ること」などのように，数や量といった特定の内容（概念）と結びつきが強い活動もあれば，「発見すること」や「一般化すること」などのように，様々な内容に共通している活動もある。「説明すること」は，内容や学年を超えて，算数・数学の学習指導全般に求められる数学的活動のプロセスであるといえる。

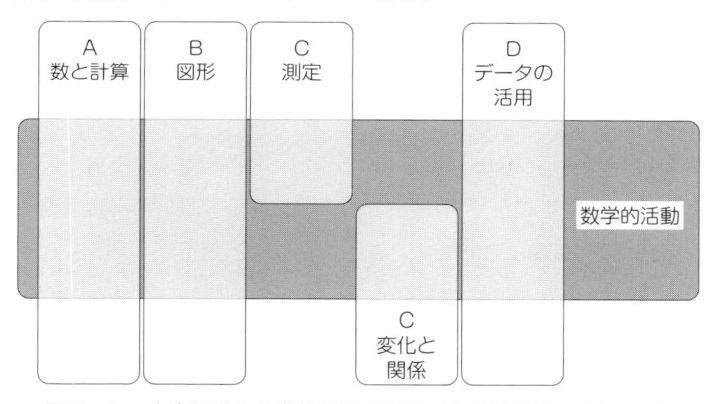

図13 - 1　内容領域と数学的活動の関係（文部科学省，2017：41）

　数学的知識の生成や発展には，「発見の文脈」と「正当化の文脈」がある。説明は，いずれの文脈にも関わりがあるが，特に正当化の文脈に深く関わる活動である。ある人が何らかの数学的な事実を見出し，それが正しいことを自分一人が確信していたとしても，それが他者と共有されなければ，数学的知識が社会的に構成されたとはいえない。説明や証明は，数学的知識の社会的構成にとって本質的な役割を担っているのである。このように，算数・数学における説明は，単に自らの考えを言葉で述べることではなく，内容の学習に不可欠な数学的活動のプロセスとして考える必要がある。説明と証明は，数学的活動のプロセスであるという点では違いはない。説明と証明の違いは，それぞれの活動で用いられる数学的推論の違いによって明確にすることができる。

1.2　数学的推論

　算数・数学における説明には，何らかの数学的推論が含まれる。逆に言えば，数学的推論が含まれていなければ，算数・数学における説明とはいえない。日常（あるいは他教科）では，「まず，〜」「つぎに，〜」「だから，〜」などの語句を用いて順序立てて述べることを，「説明すること」であるとされる場合もあるが，そうした語句の選択は，算数・数学における説明にとってあまり本質的ではない。算数・数学における説明にとって重要なことは，どのような数学的推論が含まれているかということである。一般に，数学的推論には，少なくとも次の 3 つが含まれる。

① 帰納的推論

② 類比的推論

③ 演繹的推論

　帰納的推論（inductive reasoning）とは，いくつかの特殊な事柄から一般的な性質を見出そうとすることである。例えば，三角形，四角形，五角形の内角の和がそれぞれ180°，360°，540° であることを知り，三角形から順に180° ずつ増えているという事実から，一般に多角形（n 角形）の内角の和が「$180° \times (n-2)$」であると考えることは，帰納的推論を含んでいる。帰納的推論は，既知の事柄から未知の事柄を発見しようとする際に有効な推論である。上述の例では，「三角形，四角形，五角形の内角の和がそれぞれ180°，360°，540° である」という既知の事柄から，「一般の多角形の内角の和」という未知の事柄を見出そうとしているが，このとき「三角形から順に180° ずつ増えている」という事実に着目している点が重要である。しかし，帰納的推論では，必ずしも正しい結論が得られるとは限らない。例えば，連続する 3 つの奇数の和について，$7+9+11=27$，$13+15+17=45$，$31+33+35=99$ であることを知り，いずれも和が 9 の倍数になっていることに気づき，一般に「連続する 3 つの奇数の和は 9 の倍数になる」という結論を得ることは，帰納的推論を含んでいるが，その結論は正しくない。このように，帰納的推論においては，推論に用いられる既知の事柄が「特殊な場合」であることを常に意識する必要がある。

　類比的推論（analogical reasoning）（または単に「類推」ということもある）

とは，2つの事柄の類似性に着目し，一方で成り立つ性質を他方の事柄にも見出そうとすることである。ポリア（1954/2001）は，「類推とは一種の類似である。同じような事柄はある点で一致し，似ている2つの事柄はそれぞれ対応する部分間の関係が同じである」（p. 173）と述べている。例えば，「円」と「球」の類似性に着目し，円の性質をもとにして球の性質を考えることは，類比的推論を含んでいる。このとき，「円」と「球」の類似性とは，いずれの対象も「ある点から等しい距離にある点の集合である」という点である。類比的推論も帰納的推論と同様に既知の事柄から未知の事柄を発見しようとする際に有効な推論である。特に類比的推論は，仮説を立てて新たな事柄を発見するときに用いられることから，アブダクション（abduction）という推論の一つのタイプであるといわれる。平面図形（長方形，円，など）の性質をもとに，立体図形（直方体，球，など）の性質を考える場合など，類比的推論は，既習の事柄と未習の事柄を結びつける際にも重要な役割を担う。しかし，類比的推論に基づいて見出された事柄や性質は常に正しいとは限らない。例えば，「正方形の対角線が直交する」という性質をもとにして，「長方形の対角線が直交する」と考えることは類比的推論を含んでいるが，常に正しいとは限らない。また，「かけ算をすると答えはいつも大きくなる」という性質（暗黙的なルール）は，「×整数」の場合では成り立つが，「×小数」の場合では必ずしも成り立たない。このように類比的推論は，新たな事柄の生成や予想に寄与する一方で，過度の一般化やミスコンセプションの要因になることもある。このように，類比的推論で着目する2つの事柄には様々な相違点があることを意識しておく必要がある。

　演繹的推論（deductive reasoning）とは，すでに（真であると）認められた事柄から，妥当な推論規則に従って，別の事柄を導くことである。帰納的推論と類比的推論が発見的ではあるが常に正しい結論を導くとは限らないのに対して，演繹的推論によって得られた結論は（その過程に誤りがない限りは）常に正しいものである。そのため，演繹的推論は，形式的推論（または論証的推論），帰納的推論および類比的推論は非形式推論（または蓋然的推論）と呼ばれることがある（ポリア，1959）。例えば，「三角形の内角の和は180°である」という

事柄がすでに正しいと認められており，このことを基にして，「四角形の内角の和が360°であること」が正しいことを導くことは演繹的推論を含んでいる。数学における証明は，演繹的推論に従っている。証明で前提とされる「すでに認められた事柄」とは，公理や定義などの非可証命題やすでに証明された命題（定理）を含む。また，「妥当な推論規則」とは，論理学の規則（肯定式，連言推理）を含む。肯定式とは，「P」，「P → Q（P ならば Q）」から「Q」を導く規則であり，連言推理とは，「P」，「Q」から「P∧Q（P かつ Q)」を導く規則である。数学における証明では，通常，こうした推論規則は明文化されないが，証明の仕組みを理解する上で重要な構成要素である（平林，1991）。

1.3　説明から証明へ

　前節では，3つの数学的推論（帰納的推論，類比的推論，演繹的推論）について述べた。説明は，これら3つの推論様式に従って表現されうるが，証明とは，用いられる推論様式を演繹的推論に限定したものであると捉えることができる。また，説明の表現様式には，具体物や図などのインフォーマルな言語も用いられるが，証明の表現様式には，文字式などのフォーマルな数学的言語が用いられる。溝口（2012）では，算数・数学における説明と証明の関係を両者の表現様式と推論様式を観点として図13 - 2のように示している。

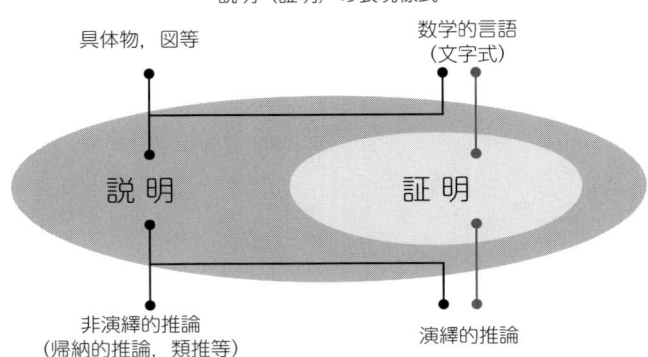

図13 - 2　算数・数学における説明と証明（溝口，2012/2020：171）

　算数における説明では，文字式のようなフォーマルな数学的言語を用いることはないが，具体物や図などを用いて数学的推論に従い，何らかの事柄が成り立つことを表現することは十分に可能である。こうした数学的活動としての説明の指導を充実させていくことは，中学校での証明の指導への素地として極めて重要である。そのためにどのような教材を用いて，児童の説明の表現や内容を高め，説明から証明への橋渡しを行うかということが実践上の課題である。しかし，算数科の学習指導要領が示す内容には，証明の素地指導となる内容が明確に示されているわけではない。そこで次節では，算数・数学における証明の素地指導の例として操作的証明を紹介する。

2．操作的証明

2.1　操作的証明とは何か

　「操作的証明（operative proof）」は，「前形式的証明（pre-formal proof）」や「行為による証明（action proof）」とも呼ばれることがあり，説明と証明との接続を図る上で重要な考え方である。操作的証明には，次のような3つの特徴がある（Wittmann, 2006；小松，2014）。

- ●記号的表現に依存せず，具体物に対する行為や図的表現を利用する
- ●具体物や図的表現に施される操作は，個別の場合を超えて，一般的な場合に適用することができる
- ●ある事柄が成り立つことを演繹的に示すことができる

　操作的証明は，文字式などの記号的表現を用いることなく，具体物や図に対する操作により，事柄が正しいことを示すが，それは，演繹的推論に基づく説明であることから，文字式などによる数学的証明との一貫性を保っている。ここで重要となるのが，「操作」という表現様式である。具体物や図に対する操作は，しばしば流動的・一過的であるため，どのような操作を何のために何に対して施したのかということを明らかにしなければ，説明としての一貫性を欠いてしまう。そのため，操作的証明では，次のような点に留意することが重要である（Wittmann, 2006）。

- ●その対象に，どんな操作が適用できるのか，その操作は互いにどう関連

　しているのかについて調べよ

●操作を通してその対象や対象間の関係に成立する性質を発見せよ

●その対象の性質や対象間の関係は，操作を施すことによって，どのような影響（変化）が現れるか（現れないか）を観察せよ

2.2　操作的証明の教材例

　これまで操作的証明のための教材開発や授業実践が多くなされてきている（Wittmann, 2006；國本，2006；佐々・山本，2010，小松，2014，など）。その中から，ここでは，具体物を用いた操作的証明と，具体物および図を用いた操作的証明の例をそれぞれ紹介する。

①　具体物を用いた操作的証明

　図13 - 3のような演算の連鎖（「×2」「＋2」「÷2」）に従って「出発数」から「目標数」を計算すると，「目標数」は「出発数」より常に1大きい数になっていることに気づくだろう。

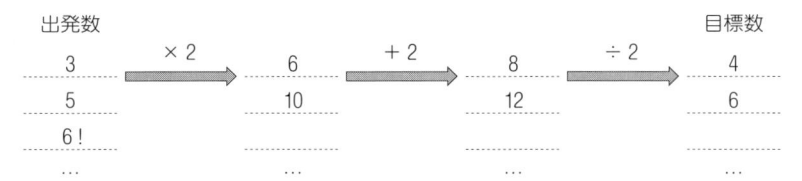

出発数　　　　　×2　　　　　　　＋2　　　　　　　÷2　　　　　目標数

3	6	8	4
5	10	12	6
6！			
…	…	…	…

図13 - 3　出発数と目標数（Wittmann, 2006）

　この「目標数は出発数より常に1大きい数になる」という事柄は，次のようなおはじき（具体物）を用いた操作的証明によって示すことができる。図13 - 4の状態1は出発数の3を「●●●」で表している。状態2は「×2」をした結果を表しており，状態3は「＋2」をした結果（グレーの「●」を2つ加えた図）を表している。最後に，状態4は「÷2」の操作を横の線で表し，その結果が4（「●●●●」）であることを示している。

状態1　　　　　　状態2　　　　　　状態3　　　　　　状態4

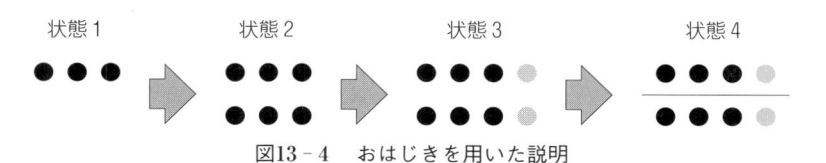

図13－4　おはじきを用いた説明

　図13－4は，出発数が3の場合の説明であるが，出発数が5の場合は，状態1の「●」の数が5つになるだけであり，それ以降の操作は図13－4の場合と全く同じである。したがって出発数が5の場合の状態4には「●●●●●●」が現れる。こうした操作の一般性は，出発数がより大きな数（例えば，20や100）になっても変わらない（このような場合ではおはじきを用いることなく図を用いて説明すれば十分であろう）。このように操作的証明の指導では，学習者自身に「特殊な場合の中に一般性を見出す」という見方をもたせることが重要となる。

② 具体物と図を用いた操作的証明

　次に，おはじき（具体物）と位取り表（図）を用いた操作的証明を紹介しよう。例えば，右のように，「各桁の数が連続する4桁の数」（例えば，1234）に「ある数」を加えると，もとの4桁の数字が「反転した数」（例えば，4321）になる。「ある数」とは3087であるが，いろいろな場合で調べてみ

```
1 2 3 4   +      3 0 8 7
2 3 4 5   +   _____
3 4 5 6   +   _____
4 5 6 7   +   _____
5 6 7 8   +   _____
6 7 8 9   +   _____
```

ても足し算の結果が「反転した数」になることは児童にとっては驚きであろう。このことが成り立つ理由は，図13－5のような位取り表（図）を用いて説明することができる（位取り表の扱いについて第1講も参照のこと）。例えば，図13－5左は，「1234＋3087＝4321」について「1234」と「4321」の間の変化を表している。つまり足し算の結果，十の位の「○」1つが百の位へ移動し，一の位の「○」3つが千の位に移動していることを表している。これらの移動により，千の位で「●」が3つ増え（＋3000），百の位で「●」が1つ増え（＋100），十の位で「○」が1つ減り（－10），一の位で「○」が3つ減っている

（－3）。このおはじきによる一連の操作「＋3000＋100－10－3」（＝3087）は，図13‐5 右でも全く同様である。図13‐5 では 2 つの場合しか図示していないが，この操作は，個別の場合を超えて一般的に適用可能なものであることがわかる。

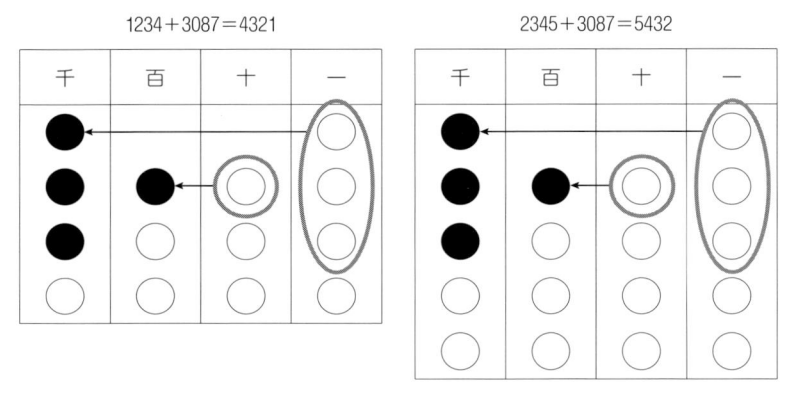

図13‐5　おはじきと位取り表を用いた説明

　ここでは，4 桁の数を取り上げたが，3 桁の数（123など）や 5 桁の数（12345など）の場合でも「3087」に相当する数を用いて同様の操作的証明を行うことができる（國本，2006）。このように操作的証明の指導では，ある事柄が成り立つことを説明した後に，その説明を振り返り，新たな事柄を発展的に見出していく活動を設定することも重要である。

3．アーギュメンテーション

　本講では，ここまで「説明」から「証明」への橋渡しについて主に推論様式と表現様式に着目して述べてきた。一方，数学教育学では，数学における証明（説明）の定義を，集団（コミュニティ）との関わりから捉えるという立場もある。学問としての数学における証明は，数学者の集団が受け入れることが可能な説明である。同様に，学校数学における証明は，教室の集団が受け入れることが可能な説明であると考えるのである。このように，証明（説明）を社会的に相対的なものとして捉える立場では，アーギュメンテーション（argumentation）という視点が注目されている。アーギュメンテーションは，「議論」

「論証」などと訳されることもある。例えば，OECD/PISA 調査の数学的リテラシーの評価枠組みでは，「基本的な数学的能力」の一つとして「論証（アーギュメンテーション）」が位置付けられている（経済協力開発機構，2016）。数学的能力としてのアーギュメンテーションには，「数学的な証明とはどのようなもので，他の種類の数学的な推論とはどう違うかを知ること」や「異なるタイプの一連の数学的議論をたどり，評価すること」などの意味合いが含まれている。

　このようにアーギュメンテーションは，説明や証明と密接な関わりがある。しかし，もともとアーギュメンテーションとは，「個人または集団が，ある事柄が真であるか偽であるかについて他者を説得するために用いる言説（ディスコース）または修辞法を記述するために用いられるもの」（Stylianides et al., 2016）を意味しており，必ずしも数学的な表現や内容であるとは限らない。ここで重要なことは，「他者を説得する」という点である。どのようなタイプやレベルの説明が求められるかは，説明の相手に依存する。素朴な説明で相手を説得できなければ，より厳密な説明が求められることになろう。

　小学校の教室でしばしば見られる「話し合い」という活動もアーギュメンテーションという視点からみると，算数・数学における証明（説明）との接点も少なくない。一方，「話し合い」の活動が円滑に証明（説明）に接続されないように，アーギュメンテーションと証明（説明）の間には隔たりもある。このように，アーギュメンテーションと証明（説明）の接続や隔たりを理解するための研究では，「トゥールミンモデル（Toulmin's model）」（図13 - 6）という枠組みが用いられることが多い。

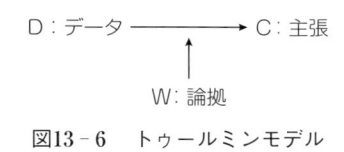

図13 - 6　トゥールミンモデル

　図13 - 6 は，トゥールミンの基本モデルと呼ばれるものであり，「主張（Claim）」，「データ（Data）」，「論拠（Warrant）」という 3 つの要素から構成されている（トゥールミン，2011）。何らかの「主張」を正当化しようとするとき，それを支持する「データ」が用いられるとする。「論拠」は，そのデータを用

いることの正当性を与えるものである。例えば，「三角形の内角の和は180°である」という「主張」を正当化しようとするとき，算数では，いくつかの三角形の内角を分度器で測った値が「データ」として用いられることがある。実測は，算数における一つの説明の形式である。そのため，この場合には「実測に基づく説明」が「論拠」として用いられるかもしれないが（図13‑7上），測定値（3つの内角を測った値の和）に誤差が生じてしまい180°にならないこともあり，帰納的推論による説明として不十分な場合も多い。

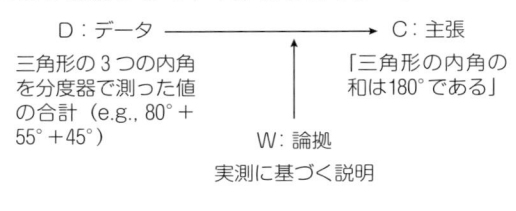

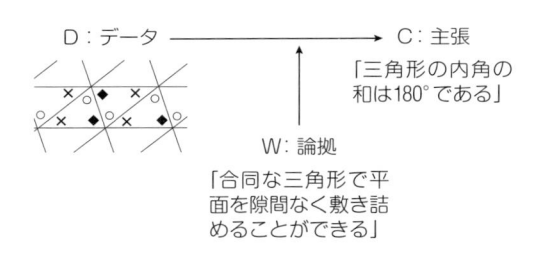

図13‑7　三角形の内角の和に関するアーギュメンテーション

　一方，「三角形の内角の和は180°である」という「主張」を正当化しようとするとき，別の「データ」を用いることも可能である。例えば，合同な三角形を敷き詰めることで，どんな三角形でも3つの内角が平角（180°）と等しくなることが説明できる。このとき「合同な三角形で平面を隙間なく敷き詰めることができる」という事柄が既知であれば，それを「論拠」として用いることもできるだろう。このような正当化は，平行線の性質に基づく証明として不十分であるものの，演繹的推論による説明として考慮できるものであろう（図13‑7下）。ここで重要なことは，教室内での社会的相互作用を通して，納得できる理由の説明を他者に求めたり，相手を説得するための理由を作り上げたりするアーギュメンテーションの過程である。

第13講　参考文献

伊藤俊太郎（1975）「創造の機構：科学的発見の方法論的考察」『理想』506：69-82.

國本景亀（2006）『「全体論的」数学教育の理論と実践に関する研究』平成15～17年度
　　科学研究費補助金（基盤研究(C)）研究成果報告書.

経済協力開発機構（OECD）編著（国立教育政策研究所監訳）(2016)『PISA2012年
　　調査　評価の枠組み―OECD生徒の学習到達度調査―』明石書店.

国立政策教育研究所教育課程研究センター（2011）『平成21年度全国学力・学習状況
　　調査【中学校報告書】」

　　〈http://www.nier.go.jp/09chousakekkahoukoku/03chuu_chousakekka_
　　houkokusho.htm〉

小松孝太郎（2014）『算数・数学教育における証明指導の改善』東洋館出版社.

佐々祐之・山本信也（2010）「数学教育における操作的証明（Operative proof）に関
　　する研究―おはじきと位取り表を用いた操作的証明を例として―」『数学教育学
　　研究』16(2)：11-20.

トゥールミン，S.（戸田山和久・福澤一吉訳）(2011)『議論の技法』東京図書.

文部科学省（2017）『小学校学習指導要領解説算数編』日本文教出版.

平林一榮（1991）「図形の指導内容の概観と問題点の考察」能田伸彦・福森信夫（編）
　　『新・中学校数学指導実例講座第3巻図形』金子書房：3-34.

ポリア，G.（柿内賢信訳）(1954/2001)『いかにして問題をとくか』丸善.

ポリア，G.（柴垣和三雄訳）(1959)『数学における発見はいかになされるか1―帰納
　　と類比―』丸善.

溝口達也（2012/2020）『算数・数学教育概論』福井印刷.

Stylianides, A., Bieda, K., & Morselli, F. (2016) "Proof and argumentation in
　　mathematics education", A. Gutiérrez, G. Leder, & P. Boero (Eds.), *The sec-
　　ond handbook of research on the psychology of mathematics education*, Rotter-
　　dam. The Netherlands: Sense Publishers: 315-351.

Wittmann, E. (2006) "Operative proof, paper presented at the international con-
　　ference" *Explanation and Proof in Mathematics: Philosophical and Educa-
　　tional Perspectives*, Universität Duisburg-Essen.

（真野祐輔）

数学史の活用

分数は，なぜ，できたの？　小数は，どうして，できたの？
このような子どもの素朴な疑問に，あなたは答えられますか？

1．算数・数学教育における「数学史の活用」

　算数・数学教育では，何より「なぜ，どうして」を重視する。子どもが授業の中で見せるどのような些細な疑問も，教師が見逃さずにしっかり捉えることは大切であろう。もし子どもから上のような質問が出たら，教師は十分納得のいく説明をしてやらなければならない。また，その質問を基にして教室での納得いくまでの話し合いに持ち込むことができれば，この上ないことである。このような質問に答える（応える）には，どうしても数学史の知識が，そして数学史を活用するということが必要となる。数学史を活用するということで，まず思い浮かぶのが，教科書の章末などに載せてあるような数学史からのトピックを取り上げて教室で話したり，演習に持ち込んだりということである。数学

史のトピックを単発的な教材として扱った学習だけであれば，これまで学校数学の至る所でなされてきたことかもしれない。これではその時に子どもの興味・関心を引くことはできても，一時的なものに終わってしまうことも少なくない。このようなトピックの利用も「数学史の活用」の一つではあるが，他に，算数・数学教育における「数学史の活用」の重要なものとして大きく次の2つがある。

　一つ目は，世界の数学の展開のダイナミズム，その各断層からのものとしてトピックを選定し，それを，その数学史全体の流れの中で，さらに現在の学校数学との関係から考えさせようとすることにある。例えば，今私たちが何気なく使っている10進位取り記数法のよさについて，漢数字やローマ数字による表記や計算と比較しながら，見直させる。また，古代エジプトの単位分数の話題では，分数表があったという事実や単位分数の和に直すことを提示するだけではなく，なぜ単位分数の和に直したのかという文化的背景にまで迫り考えさせようとするというようなことである。

　二つ目は，「数学史の活用」を通して，教師の「（固定的）数学観」を次のような「文化的数学観」に変容させることにある。数学は，先人たちが自分の文化の中で，問題を自分の問題として捉え，試行錯誤を繰り返しつくり上げ，今も，世界各地，社会の中，教室の中，各個人の中で，そして，各文化の中で，つくられ発展しているものである。そのような「文化的数学観」への意識変容を図る方策が必要である。文化としての数学を学ぶことのできる教育内容や教材の見直しがなされなければならない。他教科では得られない数学のよさ・面白み・美しさ・楽しさ・有用性という「数学の本質的な価値」を感得できるような，教育内容の創造と教育方法の工夫という取り組みも大切となる。アーネスト『数学教育学の哲学』は，教師の数学観とその指導法との間には一貫性が観察され，数学に対する教師の見方，信念，好みがその教育実践に強く影響するという。教師の「文化的数学観」があってこそ，子どもの「文化的数学観」への意識変容が可能となる。これらの取り組みによって，生徒の「数学観」も「文化的数学観」へと変容し，情意的学力も向上し，学習意欲を育てることができ，生涯数学を学び続ける力にすることができると考える。このような実践

がわが国の学校数学全体を通して実現できたら，学習者の数学観はどれほど豊かなものになるであろう。子どもたちの数学に対する思いや心に描く像はより豊かなものになるに違いない。次の節では，文化的要素である「数学」，とくに「数学の歴史展開」を有機的全体として捉え，そこにみられる文化性を明らかにしていきたい。

2．世界の数学史の全体構造

《実用上の必要が幾何学やその他の学問の発見される原因になったことは，誠に自然なことであって，それであるからこそ，ここに不完全から完全へという形式の法則が成り立ち，また感覚から合理的判断へ，さらにそれから純粋な知性へという自然な発展が見出されるのである》（中村，1978：57）とは，5 世紀に書かれたプロクロスの『原論第 1 巻の註釈』の一部である。そこには数学ですら実用的な必要性から発生したことが記されているばかりでなく，「感覚から合理的判断へ，さらにそれから純粋な知性へ」という教育的示唆も含まれている。数学は，社会との関係をもちながらわれわれを取りまく世界を維持・改善するばかりでなく，われわれをも数学という文化的要素の内部において成長・発展させてきた。

　伊東（1987）は，論説「比較数学史の地平」において，世界の数学史の全体構造を述べている。当論説は，20世紀前半までの世界における数学の歴史展開の全体がよく捉えられている。次に，伊東氏の見解を少し詳しく紹介する。

　数学は文化圏ごとにそれぞれ独特な性格をもっている。文化の特質を反映した異なる数学の種として，バビロニア，エジプト，ギリシア，ローマ，インド，中国，アラビア，西欧，日本，マヤの数学および現代数学の11を挙げることができる。これまで世界には11種の数学が存在している。これらの数学においては，ある時期にある文化圏の数学が，他の文化圏の数学に影響を及ぼす。他の文化圏の数学をつくり出したこともある。影響を受けながら，その影響を自らの文化的地盤において消化し，独自な数学をそれぞれ形成していった。伊東（1987）によれば，この11種の数学はさらに次の 5 つの基本類型に分類できる。

　　① 操作的・技能的数学 〈バビロニア，エジプト，ローマ，インド（一部），

　　中国，日本，マヤの数学〉

　② 証明的・形相的数学〈ギリシア数学〉

　③ 操作的・証明的数学〈アラビア数学〉

　④ 記号的・機能的数学〈近代ヨーロッパ数学〉

　⑤ 公理的・構造的数学〈「現代数学」〉

　数学の多世界性と5つのパラダイムの相互連関は次頁の図14-1のようになる。

3．世界の数学の展開系列

　「世界の数学史の全体構造」（図14-1）の流れの中で，その展開の流れの様相の傾向をみると，その流れの様相は大きく3つの基本系列に分類できる（Klein, 1924）。分立主義的傾向の強い［系列A］，個々の領域の有機的結合に重きを置く［系列B］と形式主義的傾向の強い［系列C］である。

　これら3系列を流れ図にすると，図14-2のようになる。

［系列A］　ギリシア数学→（ルネッサンス）→オイラー・ラグランジュ→（転換期）ガウス・コーシー→（公理的建設）ワイエルシュトラウス→近代の公理的建設→

［系列B］　アルキメデス→インド・アラビア→近世数学の誕生→（18世紀）→射影幾何学／ヤコビー・リー・リーマン→近代の公理的建設→

［系列C］　インド・アラビア→ライプニッツ→記号論理学→

図14-2　数学の歴史展開の3系列（稲葉，1931：16）

4．文化性に着目した世界の数学，その歴史展開の概観

　世界に存在した（している）数学（伊東（1987）の5つの基本類型）という横糸と，それぞれの特色をもち発達した数学（Klein（1924）の3系列）という縦糸が有機的に絡み合い，それが数学を一種の有機的全体にしている。以上のように考えれば，数学の歴史展開について次のことがいえよう。

　⑴ 数学 mathematics はその英語表記のように一つではなく，文明の数だけ存在する。それは文明を支える集団の「考え方」の結晶作用の結果であって，だからこそその「考え方」の基盤に組み込まれ，さらにまた新

169

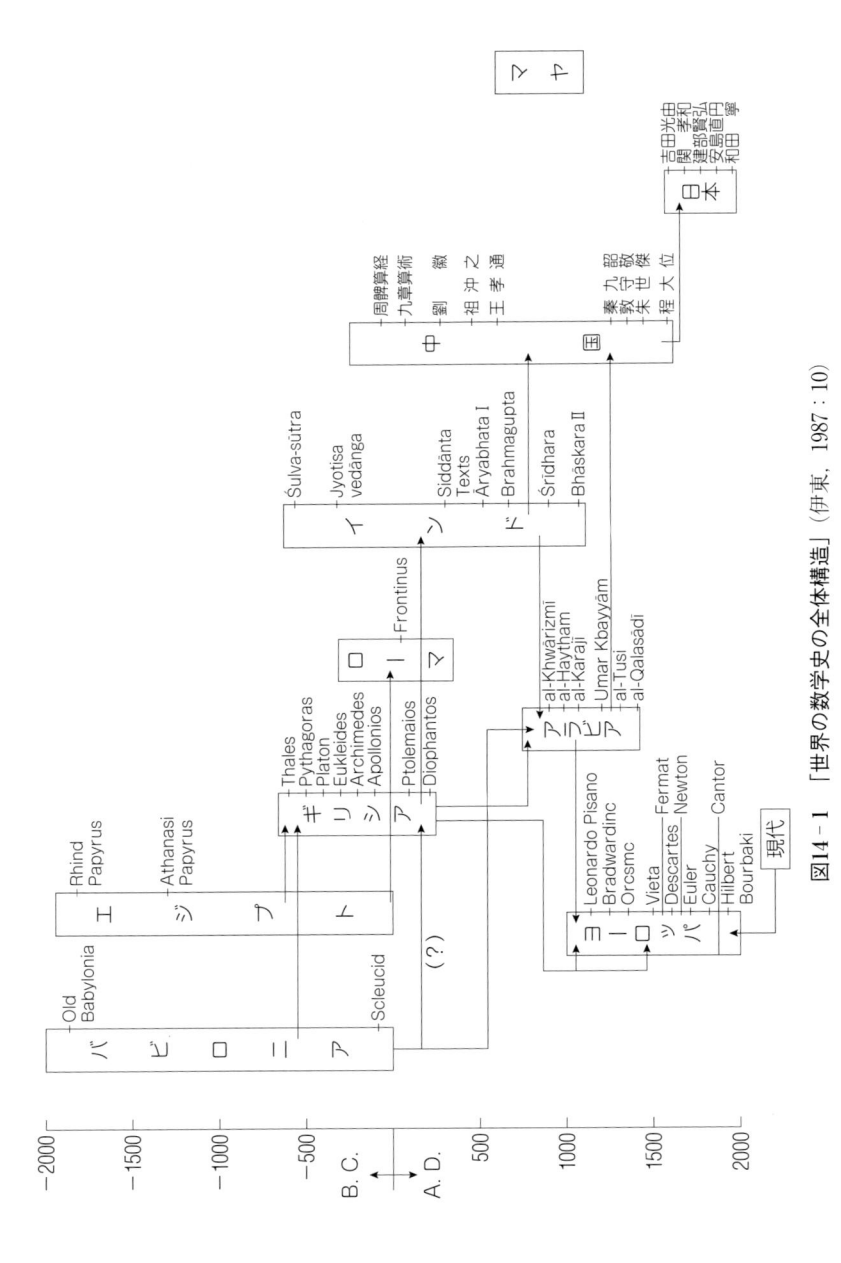

図14-1　「世界の数学史の全体構造」(伊東, 1987：10)

たな「考え方」が醸成される。この循環が成立するとき，数学は文明の
数だけ誕生する。

(2) したがって数学の発達の仕方には複数の系列がある。「考え方」を規定
する文脈という特殊と，「考え方」が脱文脈に向かおうとする汎化との相
克の下で，数学は分裂し，時に共存し，あるいは混じり合いながら展開
してきた。

(3) ゆえに現在も各文化の中で，考え方のレベルで数学はつくられ発展し
ている。

　問　これまでの自分自身の算数観・数学観はどのようなものであり，ど
のように変遷してきたのか，自分自身を振り返りながら詳しく記述して
みましょう。

5．分数・小数の基にある考え方

　ここで，冒頭に書いた子どもの素朴な疑問を思い出そう。

　「分数は，なぜ，できたの？　小数は，どうして，できたの？」

　この疑問は，分数と小数がどのような「実用上の必要性」から生まれ，どの
ように確立されたのか，という分数と小数のルーツに向かっている。

　次の節では，分数と小数のルーツに迫り，上の子どもの素朴な疑問に答える
（応える）ために参考となる「数学史の活用」について，本講末に挙げている
引用・参考文献，主には大矢真一氏，片野善一郎氏の著を参考にしながら，紹
介していきたい。なお，文中の［問］およびそれに答えている箇所は筆者によ
るものである。

　人間が未開であった時代には，人々は，1つ，2つ，3つ，……というよう
な数，すなわち自然数で事足りていたであろう。次第に文化が発達していき，
社会が複雑になっていくにしたがって，1より小さい数を考える必要が出てき
たのではないだろうか。1より小さい数を自然数を用いて表そうとするとき，
まず2通りの考え方が出るであろう。一つは，1を2つ集めたものを2，1を
3つ集めたものを3，……としていくのと同じように，1を2つに分けたもの

を$\overset{.}{2}$，1 を 3 つに分けたものを$\overset{.}{3}$，……のように表す方法である。これが分数の起こりであろう。ここには位という考えは入ってこない。これに対して 1 より小さい数を表すのに，位の考えを持ち込む方法がある。1 を（現代表記の）10 集めたものを 10，10 を 10 集めたものを 100，……のようにしていき，これらを使って例えば（現代表記の）234 という数を 2 百 3 十 4 とするのと同じように，1 を 10 に分けたものを分，分を 10 に分けたものを厘，……のようにしていき，これらを使って例えば（現代表記の）0.234 という数を 2 分 3 厘 4 毛のように表す方法である。1 より上に位の考えがあるのと同じように，1 より小さい方にも位の考えを導入するのである。これが小数である。したがって，分数と小数は，別の考え方から出発したものであるといえる。

6．分数の起こり

　人間は，その進歩の最も早い段階において分数の概念をもった。分数は初め 1 つのものをいくつかに分ける必要から起こった。1 つのものを 2 つに分ける，1 つのものを 3 つに分ける，そうした大きさが分数である。古代エジプトの分数は，（インド・アラビア数字で書くと，）$\overset{.}{2}$，$\overset{.}{3}$，$\overset{.}{4}$，……のように，等分する数にある印を付けて表されていた。実際は図14 - 3 のように表されていた。今の$\dfrac{1}{2}$，$\dfrac{1}{3}$，$\dfrac{1}{4}$，……のように分母，分子という 2 つの数の組合せで表されるものではなく，どこまでも 1 つの数であった。2 つの数を組み合わせて 1 つの数を表すようになったのは，かなり後のことである。この 1 を分けたことを表す分数を，「単位分数」と呼ぶ。この単位分数 1 個では 1 より小さいすべて

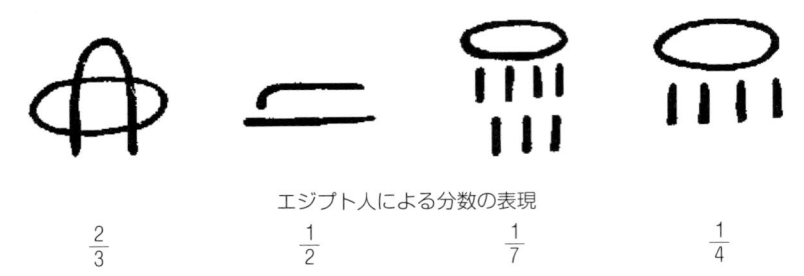

エジプト人による分数の表現

$\dfrac{2}{3}$　　　　　　$\dfrac{1}{2}$　　　　　　$\dfrac{1}{7}$　　　　　　$\dfrac{1}{4}$

図14 - 3　古代エジプトの分数（イー・ヤー・デップマン，1986：232）

の大きさを表すことはできない。したがってこれを幾つか組み合わせて必要な大きさを表すのである。古代エジプトでは 1 より小さいあらゆる大きさを単位分数の和で表していた。B. C. 17世紀頃エジプトの僧侶によってパピルスに書かれた数学の巻物「リンド・パピルス」が，イギリス大英博物館に保存されている。この本の初め第 1 節には「 2 を奇数で割る表」として，（インド・アラビア数字で書くと）次のような分数表が，$\dfrac{2}{101}\left(=\dfrac{1}{101}+\dfrac{1}{202}+\dfrac{1}{303}+\dfrac{1}{606}\right)$ まで書かれている。

$$\frac{2}{5}=\frac{1}{3}+\frac{1}{15}, \quad \frac{2}{7}=\frac{1}{4}+\frac{1}{28}, \quad \frac{2}{9}=\frac{1}{6}+\frac{1}{18}, \quad \frac{2}{11}=\frac{1}{6}+\frac{1}{66}, \quad \frac{2}{13}=\frac{1}{8}+\frac{1}{52}+\frac{1}{104},$$

……

　その後の第 2 節には，パンの分配に関する問題が 7 題出され，その解法も示されている。当時のエジプトでの乗除計算はすべて， 2 倍と10倍だけで行われた。

　では，ここで，分数の起こりに関する具体的な問題で考えよう。

> ［問 1 ］ 3 つのパンを 5 人で等分に分けるとき，どのように分けたらよいか。

　その分け方を考えよう。

　現代人の多くは， 3 つのパンを 5 人に分ける場合，まずそのパンを 3 つとも 5 等分に切り分けるであろう（切られたものは15個になる）。それを 3 つずつ分配すれば，全部が等分に分配されることになる。つまり今の表し方でいえば，1 人当たり $\dfrac{3}{5}$ ずつ分配されたことになる。

> ［問 2 ］ところが，古代エジプトの人たちの分配の方法は，上の方法とは異なったものであった。その方法には，今風の 1 人分 $\dfrac{3}{5}$ を単位分数の和に直した，$\dot{2}\,\dot{10}$ $\left(\text{すなわち，}\ \dfrac{1}{2}+\dfrac{1}{10}\right)$ が使われたことが考えられる。この単位分数の和を利用した分け方とはどのようなものであったか。

　古代エジプトの人たちはまず，できるだけ大きなピースを配れるように（できるだけ大きな単位分数を一つ目にするように）と考える。そこで，そのパンを 3 つとも半分（2 等分）にする。切られたものは 6 つになるからこれを 1 人に 1 つずつ分配する。すなわちまず 1 人当たり $\frac{1}{2}$ だけを分ける。次に残った 1 切れをまた 5 等分する。その一つは $\frac{1}{10}$ になる。これを 1 人に 1 つずつ配れば，すべてが平等に分配されたことになる。

> **［問 3 ］上に出てきたパンの分け方を，パンを切る回数で比較しよう。**

　現代人の多くの考えでは，3 つのパンを 5 人に分ける場合，3 つのパン全部をそれぞれ 5 等分して，各人に 3 個ずつ分配するが，そうするためには 5×3 ＝ 15 回パンを切らなければならない。

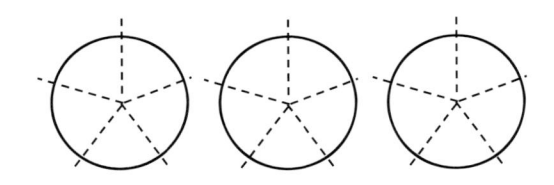

　これに対し，古代エジプトの人たちは，1 つのパンを 2 つ切りにしたものを 5 個，1 つのパンを10切りにしたものを 5 個作ればよいことを知っていた。この場合，3 つのパンをそれぞれ半分にし，半分 1 つをさらに 5 つに切るのである。古代エジプト人の人たちにとって必要であったのは，たった 7 回（3＋4）切ることだったのである。

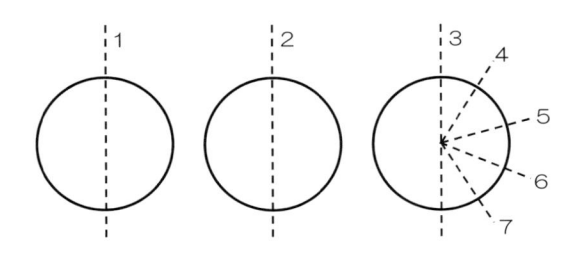

［問 4 ］ピラミッド建設などに多くの労働力を必要とした古代エジプトに
　　　おいて，多くの労働者へパンなどの食料を分配するときには，どのよ
　　　うな考えが必要であったであろうか。

　上のパンの分け方による切る回数の比較では，扱う数が小さいため，あまり
差があるようには感じられないかもしれない。しかし，古代エジプトで巨大な
ピラミッドの建設に携わる労働者が100人，1000人，……と大勢になった場合
を考えたらどうだろう。パンを切る回数の差は看過できないものになる。古代
エジプトの多くの労働者へのパンの平等な分配において，パンを切る回数をで
きるだけ少なくするという考えを必要としたのではないだろうか。

　このような単位分数はギリシアでも中国でも行われた。普通の分数について
は，ギリシアにおいても中国においても同じ時期に存在していたようである。
とくに中国では，単位分数の痕跡と思われる記述が見受けられる。最古の数学
書の一つである『九章算術』（ 1 世紀頃）に， 1 辺の長さが $1+\dfrac{1}{2}+\dfrac{1}{3}$ 歩とい
うように単位分数の和の形で記されている所がある。ただ，原文には $\dfrac{1}{2}$ は二
分之一， $\dfrac{1}{3}$ は三分之一と記されており，明確に分母と分子が意識されている
ため，これは単位分数とはいえない。中国にもエジプトの単位分数が伝えられ，
中国の従来の分数と接触した結果，このような表し方になったものとも考えら
れている。

　元々，分母と分子という 2 つの数で 1 つの数を表すことは本当に困難なこと
であったであろう。ギリシアにも分数らしきものはあったが，それは 2 数の比
として表されていた。例えば，今の $\dfrac{2}{3}$ に当たるものは 2 ： 3 という比で表し
ていた。

　私たちの分数の読み方，例えば 2 分の 1 ， 3 分の 1 は，中国の分数の読み方，
二分之一，三分之一に由来する。一方，分数の書き方 $\left(例えば\dfrac{1}{2},\ \dfrac{1}{3}\right)$ はイ
ンドの割り算の形式に由来する。インドでは板の上に砂を撒き，その上に棒で

数字を書いていた。数字を消したり直したりすることは簡単であった。$93 \div 7$ という割り算を例にとろう。$\dfrac{93}{7}$ のように被除数と除数を縦に並べることから始めて，数字を消したり書き直したりしながら計算を進めていき，最後に答えを $\dfrac{13}{2}$ のように商，余り，除数を縦に並べて示すのである。インドの割り算の形式は中国古来の算木による割り算の形式と同様である。算木も簡単に取り去ったり置き直したりできる点では板の上の砂に数字を書くのと変わりがなかった。計算の用具の類似が計算法の類似をもたらした。中国でも割り算の結果を単独で呼ぶことはなく，必ず除数をつけて呼んでいる。例えば，私たちが $93 \div 7 =$ 13 余り 2 と書く割り算の答えを中国では必ず，十三，七分之二というように記したのである。インドと中国の分数は割り算の結果として生まれた新しい数であった。

　中国の分数が日本に伝わってきたのは奈良時代よりは少し前の頃である。その頃の都の大学では当時の数学が学ばれ，その教科書として『九章算術』も重要なものとされ，中に中国の分数もあったのだが，これは日本に定着はしなかった。分数が日本の数学の中で，確かな地位を占めるようになったのは江戸時代に入ってからである。それまではずっと 3 分の 2 というのは，三つに割って二つ集めるというというように，単に操作を表すものでしかなかったのである。

7．小数の起こり

　10進法に基づく小数がはっきりと現れたのは，中国では元の朱世傑の『算学啓蒙』(1299) であり，ヨーロッパではオランダのシモン・ステヴィンの『10進分数（小数）論』(1585) が最初である。しかし，小数の考え方を最初に使ったのは，バビロニアの人たちである。バビロニアでは60進法によって 1 より大きい数を書いていたが，その方法が 1 より小さい数の表し方にも適用されている。バビロニアの60進法は今日，時間や角度を表す際に，その痕跡を残している。この60進法は天文学上の必要から生まれたのであろう。バビロニアも当初は10進法であった。恐らく天文学上の要求からであろう，後に60進法に改め

られた。10進法から60進法に改められる際に，基数とする60が比較的に大きい数であることに伴う記数法上の困難性を軽減するためであろう，位取りの原則が導入されたのではないかと考えられる。しかし，その時にはまだゼロに該当する記号，さらに整数と小数との境となる記号（小数点に該当するもの）もなかったから，不便な点は多かった。$\frac{1}{60}$ の位から始まる小数でも $\frac{1}{60^2}$ の位から始まる小数でもその書き方は同一であり，有効数字以前の空位は問題にしないのである。元々，小数を数としてそのまま使う場合は少ない。小数は主には計算に使われ，また計算の中にも表れてくるものであった。長さでも重さでも単位をつけて呼んだ。この場合，大きさは明らかであり，記数法の不完全さや不便さによる実用上の混乱は起きなかったのではないかと思われる。

　バビロニアの60進法による小数は，かなり後の時代まで用いられた。ギリシアでは1より小さい数を表す方法は分数だけであった。分数は計算するのには非常に不便なため，ギリシアでは，バビロニアの60進法の小数を用いて計算をするようになった。60進法の小数は，計算するのに分数よりは大変便利であったからである。例えば，アルキメデスは，著作『円の計測』の中で，60進法の小数を計算に用いて円周率の近似値を求めている。ただ，彼は途中の計算はすべて60進法の小数を用いて行っているが，結果は分数で表している。当時，分数は数であったが，60進法の小数は正しい意味での数ではなく，計算のための一つの道具であった。だから，最後は分数で表されなければならなかった。この習慣はヨーロッパではルネッサンスの時代まで続いた。60進法の小数は，10進法の時代に決して便利ではなかったが，習慣的に用いられていた。当時，60進法の小数は，$3°21'\,23''45'''$ のように書き表された。これは現在の角度・時間などの表し方と一致する。元々60進法は，角度や時間と関連をもって生まれたものであり，バビロニアの60進法の小数の表し方が現代まで引き継がれている。これが，シモン・ステヴィンの10進法の小数の表し方に影響を与えた。

　60進法の小数は，すべての数が10進法である時代には大変不便なものである。ただ古代にあっては，まれに計算するくらいであれば，それで間に合った。しかし，社会が時を経て複雑になってくると，多くの人が1より小さい数を計算

する必要が生まれ，60進法の不便さはますます際立ってくる。海外貿易など経済活動が盛んになってくると，複利の計算が必要不可欠なものになり，もっと便利な数が求められるのは必然であった。10進法の小数の原型は実に複利表にその基を発している。例えば，1540年のルドルフの書物に載っている複利表には，小数の書き表し方の先駆をなすものがある。それは計算用だけに出てくるもので，最終的には金額は整数値で表されている。中国でも同様であった。中国では小数は古くから用いられたが，その小数も初めは，計算の途中に便宜的に用いられる数であって，四則計算に耐える新しい数ではなかったのである。

　小数が一つの新しい数として，広く認められるようになったのはシモン・ステヴィンに始まるといわれている。彼は1585年に『10進分数論』を表して，10進分数の必要性と便利さを主張し，小数の体系を説明したのである。

　中国では古くから算木と算盤（サンバン）を使って計算をし，数は位取りの原則を用いて表されていた。だから，10進法の小数の考えも，他国に比べて早くから起こった。ただ，筆算はなかったので，小数点のような符号は生み出されなかった。『九章算術』（1世紀頃）には平方根を開く開方術の例題があるが，それらは整数の答えが出るものばかりである。ところが魏（三国時代）の劉徽（263年頃）が，開方術の部分の注に，開き切れない場合のことを次のように記している。「一の位まで開いて余りがあったら，それまでと同様に計算を続けて，その「微数」を求めなければならない。位の名はない「微数」を分子として，その「微数」が一より一桁下であれば十を分母とし，二桁下であれば百を分母とせよ」という意味のことが記されている。この「微数」で位の名がないというのは，後世の10進分数に他ならず，これが中国の10進分数の起こりである。

　中国では，天文学の計算やその他の計算の必要から小数が発明された。しかし，日本では中世，そのような計算を必要とするほど学問は進んでいなかった。室町時代には小数は殆ど使用されず，10分の1，100分の1などを表す単位をつくり，これを用いて，1より小さい数を表すことをしていた。商工業が盛んになり，利率などをもっと細かく表す必要が生じてきた。日本で小数がはっきりと使われだしたのは，中国から『算法統宗』などが輸入されてから後の江戸

時代の初めであると考えられている。日本で小数の単位を明らかに掲げたのは，現存の資料では『塵劫記』が最初である。『塵劫記』の「一より小数（こかず）の名の事」には，分（ふん），厘（り），毫（ごう），絲（し），……の（小数の）名が表にして載せられている。

8．分数・小数の指導ともうひとつの「数学史の活用」

　ヨーロッパには，日本の「小数」に当たる呼び方はない。英語では「小数」を "decimal fraction" という。"decimal" は「10進法の」という意味で，"decimal fraction" は，直訳すれば「10進分数」である。つまり，西洋の小数は，分母が10，100，1000，……等の特別な分数のことをいうのである。

　ところが，日本では事情が大いに異なっている。中国や日本では数と度量衡の組織がほどんど10進法である。だから，一，十，百，千，……という考え方を逆に適用して，分，厘，毛，……といった単位をつくることがごく自然にできた。長さの最小単位の「寸」，重さの最小単位の「匁」の下はすべて分，厘，毛，……といった単位で表される。ひいては，これらの単位の名が抽象され，小数の名が生まれるのである。一方，分数はというと，この小数とは別に，わり算のときの端数を表す方法として生み出されたのである。このように，中国や日本では小数は分数とは無関係に考えられ，使われてきた。そうすると，小数をヨーロッパ式に分数の特別な分数として教えるのか，それとも日本のように整数の拡張として教えるのかという指導上の問題が浮かび上がってくる。

　小数の扱いの違いは，明治時代の算術教科書にも表れている。寺尾寿『中等教育算術教科書』（明治21（1888）年）では，小数を「十のある階級の巾を分母とする分数で一より小さいもの」と定義している。一方，藤澤利喜太郎『算術教科書』（明治29（1896）年）では，「一より始めて逆さまに十進法を適用した結果として現れ出でる一より小さい数」と定義している。このように小数の導入に相違があるのは，ひいては分数と小数の指導順序や指導体系に相違があるのは，西洋と東洋における分数と小数の起こりの事情（歴史的背景）の違いから出てくるものであると言えよう。現在の分数と小数の指導はどのようにされているか。そして，どのようによりよいものにつくりあげていかなければならな

いか。このような考察には，数学史の知識とその活用が，必要不可欠になる。

　本講の冒頭に，「数学史の活用」の主な 2 つを挙げたが，ここに三つ目の重要なものとして，次を加えなければならない。「算数・数学の今の指導を見直し，文化的な視点から豊かな算数教育・数学教育を創造していくこと」である。

9．「数学史の活用」の実際

　これまで算数・数学教育における「数学史の活用」の主なものについて述べてきた。とはいえ，実際どのように数学史を活用するのか，活用したらよいのか，とお考えになる方も少なくないであろう。ここで簡単にではあるが，「数学史の活用」の実際について記しておきたい。

　まず，教師はどんな時に数学史にアクセスしたらよいのかである。教師がこれから指導しようとする学習内容に対して，子どもたちにどのように興味・関心をもたせたらよいか，その学習内容の本質的で豊かな理解をどのように進めさせたらよいか，その学習内容における数学のよさ・面白み・美しさ・楽しさ・有用性という「数学の本質的な価値」をどのように感得させたらよいか，そのためには指導の内容や方法，指導の流れはどのようにしたらよいかなどを考えて取り組もうとされるとき，数学史にアクセスすることが望ましい。

　次に，数学史にどのようにアクセスすればよいか，またよりよいアクセスはどのようなものかである。数学史にアクセスしようとするとき大切になるのは，「世界の数学史の全体構造」（図14 - 1 ）を念頭に置きながら，教師がこれから教えようとする学習内容において，その本質に迫ることのできる生成的な大きな問いを自ら打ち出すことである。難しいことではなく，子どもが素朴に抱くであろう問いでよい。生成的というのは，その大きな問いを探究していく中で新たな小さな問いが連鎖的に次々に生み出されていくというようなことを意味する。例えば，分数や小数の学習では，本講の最初に挙げた「分数は，なぜ，できたの？　小数は，どうして，できたの？」が生成的な大きな問いの 1 つである。その問いに向けて本講で行った探究の中で新たな小さな問いが連鎖的に次々に生み出されていく様子はこれまでにみていただいた通りである。このような生成的な大きな問いを打ち出した上で，教師自らが探究に取り掛かり，数

学史にアクセスしていくのである。その探究の仕方にマニュアルはない。可能な限りその探究に関わる資料に当たり自らが探究していくのである。教科書や指導資料などを数学史的観点から深く読み込もうとするところから始めてもよい。近年，数学史に関する解説書や啓蒙書などが多く出版され，数学用語や数学記号の由来，起源などについての著作物も多くみられる。図書館などを利用し，それらの文献に当たっていく。インターネットの利用も考えられよう。ただ，インターネットの情報は，引用元の確認などにも注意しておく必要がある。生成的な大きな問いの解決に必要な情報を集めながら，可能な限りの探究を進めていくのである。

> **問**　算数の学習内容から何か一つを取り上げ，その本質に迫ることのできる生成的な大きな問いを自ら打ち出してみましょう。その上で，探究に取り掛かり，数学史にアクセスしていき，探究を進めてみましょう。

　おわりに，数学史にアクセスした結果得られた知見は，実際の学習指導にどのように機能し得るのかである。上に述べた教師自らが行う数学史に関する探究が「数学史の活用」の核となる。この探究により，教師は「算数は子どもが活動を通して自分の中につくっていくものである」という「文化的数学観」をもって工夫を重ねることにより，これまでに述べてきた「数学史の活用」の主なものを実際の学習指導において実現することができるであろう。例えば，本講で取り上げた分数・小数の指導であれば，実際の学習指導において子どもたちの数学的活動を起こす生成的な大きな問いや［問１］〜［問４］のような小さな問いを設定することができる。分数と小数の指導順序や指導体系の改善を図ることもできる。そのような積み重ねにより，ひいては子どもの中にも「算数は子ども自身が活動を通して自分の中につくっていくものである」という「文化的数学観」を醸成することもできる。そして，このような実践は，１人でなく２，３人の仲間と共同で行うことができれば，より豊かで有意義なものになるであろう。

　これからの豊かな算数教育の創造を目指し，日々の算数の学習指導の中で積極的に「数学史の活用」に取り組んでいかれることを期待したい。

第14講　参考文献

イー・ヤー・デップマン（藤川誠訳）（1986）『算数の文化史』現代工学社.

伊東俊太郎（1987）「序説　比較数学史の地平」伊東俊太郎編『中世の数学』共立出版：1-29.

稲葉三男（1931）『数学発達史』三笠書房：9-17.

大矢真一（1957）『分数と小数』啓林館.

大矢真一（1964）『比較数学史（事項別）』富士短期大学出版部.

大矢真一・片野善一郎（1978）『数字と数学記号の歴史』裳華房.

片野善一郎（1964）『問題形式による数学史』富士短期大学出版部.

片野善一郎（1982）『算数授業に役立つ数学の話』明治図書.

片野善一郎（2003）『数学用語と記号ものがたり』裳華房.

伊達文治（2010）「学生にみる文化的数学観への変容」『上越数学教育研究　第25号』上越教育大学数学教室：19-26.

伊達文治（2013）『日本数学教育の形成』溪水社.

寺尾寿（1888a）『中等教育算術教科書　上』敬業社.

寺尾寿（1888b）『中等教育算術教科書　下』敬業社.

中村幸四郎（1978）『ユークリッド―原論の背景―』玉川大学出版部.

平田寛監修，吉成薫訳（1985）『リンド数学パピルス』朝倉書店.

藤澤利喜太郎（1896a）『算術教科書　上巻』大日本図書.

藤澤利喜太郎（1896b）『算術教科書　下巻』大日本図書.

室井和男（2000）『バビロニアの数学』東京大学出版会.

吉田光由（佐藤健一訳）（1627/2006）『塵劫記』（初版本）研成社.

Ernest, P.（1991）*The Philosophy of Mathematics Education*, The Falmer Press：137-139.

Heath, T. L.（1912）*The Works of Archimedes with A Supplement The Method of Archimedes*, Dover Publication, Inc., New York.

Klein, F.（1924）*Elementar Mathematik vom Höheren Standpunkte aus I*, Dritte Auflage Verlag von Julius Springer Berlin.［F. クライン（遠山啓監訳）（1959）『高い立場からみた初等数学』商工出版社：109-120.］

（伊達文治）

算数教育の仕組み
―作品訪問と世界探究―

- ■ 授業における暗黙の約束事：教授学的契約
- ■ 学習指導についての常識：教授パラダイム
- ■ 「原因と結果」という考え方をこえて：教授相互決定性の水準の階層構造
- ■ 教師にできること・できないこと：主題水準への閉じ込め
- ■ 教師の専門性についての一考察

次の問題に児童が「36歳」と答えた。わるいのは子ども？ 問題？ 先生？

船の上に26頭の羊と10頭のヤギがいる。さて船長は何歳か？

1. 授業における暗黙の約束事：教授学的契約

　冒頭の「船長年齢の問題」は，40年ほど前にフランスで行われた調査に登場するもので，97名の低学年児童のうちの76名が，羊とヤギの数を用いて答えを求めようとした（cf. IREM de Grenoble, 1979）。最近，日本経済新聞の記事（森田，2017）にもなったので，ご存知の方もいるだろう。衝撃的な事実である。バースデイ・ケーキの蝋燭ではあるまいし，動物の頭数と船長の年齢に関係があるはずがない。しかし，多くの子どもが，羊とヤギの数と，最も親しみのある演算である足し算を使って，「36歳」と答えるのである。こうした現象を一体どのように理解すればよいのか。

　算数だけではなく，様々な教科の授業は「児童」，「教師」，「学習対象」という３つの要素の複雑な連関によって構成されている。したがって，上述の「船長年齢トラブル[*]」の要因としてまず考えられるのは，子ども，先生，問題であ

る。おそらく本書を手にとるような方々は，ご自身の厳しい教育哲学に従って「先生がわるい」と答えるのではないだろうか。なるほど，36歳と答えてしまうように育てたのがわるいというわけである。はたして本当にそうだろうか。少数の子どもがこのように間違えるなら，この理由説明に納得できる。しかし，実際は36歳と答える児童が数多く生み出されているのである。むしろ，この現象は，子ども，教師，学習対象という授業の構成要素ではなく，より基盤的・背景的な仕組みに由来すると考える方が自然ではないだろうか。

　　＊「船長年齢トラブル」という表現は一般的なものではないが，以下では船長年齢の問題に関わる誤り現象の呼び名として用いる。

　フランスを起源とする「教授学（didactics）[*]」では，船長年齢トラブルを「教授学的契約（didactic contract）」という概念で説明する[**]（cf. Brousseau & Warfield, 2014）。それは，教師と児童との間に生じる，知識やその構成過程に関する約束事の集まりのことで，そうした約束事の多くは当人たちに気づかれていない。例えば，「問題を出すのは教師である」，「問題に答えるのは児童である」，「授業の進め方を決めるのは教師である」，「教師は問題の正解を知っている」，「最終的な正誤判断は児童の仕事ではない」，「教師は45分で授業を終える」，「答えのない問題はない」などである。

　　＊詳しくは宮川（2011）を参照されたい。

　　＊＊ギ・ブルソー（Guy Brousseau）による教授学的契約という存在の発見は，これまでの半世紀あまりの数学教育研究の歴史における最大の成果の一つである。この概念によって，授業に関わる多くの出来事を説明できるようになった。

　船長年齢トラブルに強く影響している契約条項は「算数の問題は問題文の中の数値を使えば解ける」というものである（cf. Gascón & Nicolás, 2020）。この暗黙の取り決めは，あらゆる算数の授業で当然のように守られているだろう。余程のことがない限り，このルールに従わない問題は授業では扱われないはずである。しかし，教室を一歩出れば，手持ちのデータで解決できない問題の方が実は遥かに多い。問題がすべてその文章中の数値を使えば解けるという事実は，教授学的契約によって支えられているフィクションなのである。

　では船長年齢トラブルの解消のためには，さしあたり「教授学的契約を替え

ればいい」となるかといえば，話はそんなに簡単ではない。船長年齢トラブルの温床となる約束事「問題文の数値を使えば算数の問題は解ける」は，いわば今の算数指導のシステムを機能させる歯車の一つなのである。それだけ抜いて取り替えるということは原理的にできない。簡単な理由を一つあげれば，それは様々な試験を成り立たせるために必要なルールなのである。ではテストを変えればいいのか。しかし，テストにしても事態は同様で，それだけを取り替えることはできなそうである。このことは，既存のシステムの構成要素を対症療法的に変えることでは，船長問題トラブルへ干渉するのが難しいことを示唆している。したがって，交換すべきものがあるとすれば，それは仕組みそれ自体を生み出したり，動かしたりしている何かである。では「何か」とは何か。次節ではこの問題について考えてみたい。

2．学習指導についての常識：教授パラダイム

　特定の教育システムが生じる要因の一つは「教授パラダイム（didactic para-digm）」である。それは，教えられるべき内容やその指導の仕方を暗黙的に決めている規則の集まりのことである（シュバラール，2016）。日本語でいえば教育思想や教育哲学といった言葉にニュアンスは近いが，「知識の指導」という点が強調されていること，そしてそれが必ずしも当人に自覚されているわけではないことが大きく異なる。イブ・シュバラール（Yves Chevallard）は，歴史的な分析に基づき，「名作賞賛（hailing and studying authorities and masterpieces）」，「作品訪問（visiting works）」，「世界探究（questioning the world）」という三つのパラダイムの存在を指摘している。一つ目の名作賞賛パラダイムとは，例えば，ユークリッドの『原論』（e. g., エウクレイデス，2008）を直接読ませることで数学を勉強させようとする考え方である。このパラダイムにおいては，学習対象は大きな知識のまとまりや体系であり，原典を参照することで指導が進む。いまとなっては，数学についてはこのようなパラダイムの存在を信じられないかもしれないが，例えば，われわれが「哲学」に興味をもったときには，このパラダイムの下で勉強しようとするのではないか。二つ目の作品訪問パラダイムは，学習指導を観光ツアーのように組織する考え方である。このパラダ

イムにおいては，教えるべき知識は，大きなまとまりではなく，そこから切り出された小片であり，教師はそうした様々な知的「記念碑」の観光ツアーのガイドとして振る舞う。例えば，『原論』自体ではなくそこに含まれる「三平方の定理」などが学習対象（記念碑！）となり，学習者はそこを訪れ，それが何かを学ぶ。このようなことから，作品訪問パラダイムは，「記念碑訪問」や「記念碑主義（monumentalism）」と呼ばれることもある。三つ目の世界探究パラダイムは，科学者の研究のように学習過程を導こうとする考え方である。科学者の探究は，問いを立てそれと向き合う「ヘルバルト的（Herbartian）」な態度，どこからでも答えを手に入れようとする「前進認知的（procognitive）」な態度，問いの探究に必要な知識はいくらでも学ぼうとする「開かれた（exoteric）」態度に基づく。この中でも，世界探究のパラダイムで特に強調されるのは，問いに立ち向かうヘルバルト的態度である。名作賞賛や作品訪問のパラダイムでは，授業の中心となるのは，「偉大な」先人が作った「答え」である一方，世界探究のパラダイムにおいては，中心が他人の「答え」から自分の「問い」へと移るからである。それに伴い，学習者は答える存在から問う存在へと，そのあり方を変えることとなる。

　今日支配的な教授パラダイムは作品訪問であり，船長年齢トラブルは，このパラダイムが生み出す，ある教授学的契約の条項にも大きな影響を受けている。それはすでにふれられている「学習者の役割は問うことではなく，答えることである」という約束事であり，試験において最も極端な形で現れる。学習者に許されていることは誰かに課された問題をただ解くことである。授業でも事態は基本的には同じで，教師の意図を読むことなく真に自分の問いを生み出しそれを探究する活動は，今の学校教育システムでは例外的な事柄である。しかし，世界探究パラダイムに基づく「問いの探究」による指導が，われわれの社会の中に全く存在しないわけではない。例えば大学の卒業研究の指導は，少なくとも理念としてはまさにこのパラダイムに基づくし，学校教育システムにおいても，こうした指導法の要請は今日ますます高まっている。

　では，船長年齢トラブルの解決のためには，教授パラダイムを替えればいいのだろうか。筆者の見解では，この変更によって状況が改善される可能性は高

い。もし作品訪問パラダイムではなく，世界探究パラダイムに基づく指導が行われれば，学習者の役割の中心は「答えること」ではなく「問うこと」となり，船長年齢の問題という異様な問いへの解答行為を押し付ける契約は弱まるからである。しかし，言うは易し行うは難し。問題は教授パラダイムをそんなに簡単に取り替えることができるのかということである。以下ではこの問題についてやや詳しくみていく。

3．「原因と結果」という考え方をこえて
：教授相互決定性の水準の階層構造

　繰り返しになるが，授業は学習者・指導者・知識という3つの要素から成り立っており，それらは比較的に目に見えやすい。児童がどのように学んでいるか，教師がどのように教えているか，どのような問題がだされ，最終的にどのようにまとめられたか，といったことは授業を研究するための最も基本的なデータである。しかし，「授業」という一つの現象は，そうした条件だけで決まるものではない。もっと目に見えづらい，様々な要因が働いて，一つ一つの授業は成り立っている。教授学的契約はその一例である。他には，学習指導要領の記述や授業時数などがわかりやすい例だろうか。「ある時期までにある知識を教えなければならない」ということは，間違いなく授業の性格を決める要因の一つである。さらに教授パラダイムは，最も見えづらくかつ影響力の強い条件の一つであり，いわば「重力」や「空気」のようなものである。重力や空気が確実にわれわれの生命や行為を条件づけているにもかかわらず普通は意識されることがないように，教授パラダイムはわれわれの知らぬ間に授業の性格を決定しているのである。

　以上からわかるように，算数の学習指導に関わって生じるありとあらゆる物事は，何か単一の直接的な原因をもっているというよりも，多種多様な「条件（condition）」の影響によって決められているのである（cf. 宮川，2012）。この条件という用語は，教授学では「生態学（ecology）」の意味合いで用いられる。様々な指導内容や指導方法を「生物」にみたて，その「生息環境」の特徴を条件と呼ぶのである。そしてこの発想法から導き出されることは，生き物と同じ

ように，知識の指導に関わる様々な事実も，状況次第で繁栄したり絶滅したりするということである。実は「教授学」は，こうした学習指導の諸条件の科学として特徴づけられるのである（cf. 宮川，2017）。

　実際，われわれがここまでみてきたのは，船長年齢トラブルの条件として，教授学的契約と教授パラダイムがあるということである。そしてそこでは，船長年齢トラブルを教授学的契約が条件づけ，さらにその教授学的契約を教授パラダイムが条件づけるという，「条件の階層構造」も示唆された。この構造は複雑かつ抽象的であり，われわれは簡単にそれを把握することができない。そこでシュバラールによって開発されたモデルが，「教授相互決定性の水準の階層構造（scale of levels of didactic co-determinacy）」（図15−1）である（cf.

```
      …
      ↕
   社会（Society）
      ↕
   学校（School）
      ↕
   教育（Pedagogy）
      ↕
   教科（Discipline）
      ↕
      …
```

**図15−1　教授相互決定性の
水準の階層構造(1)**

ボスク・ガスコン，2017；Chevallard, 2019）。この階層構造モデルは，各「教科」の授業で生じる様々な事柄に影響する上位水準の条件として「教育」水準の条件があり（一斉授業スタイルなど），その「教育」水準の条件に影響する「学校」水準の条件があり（学校種など），さらにその「学校」水準の条件に影響する「社会」水準の条件がある（日本の文化など），ということを端的に表している。当然のこととして見落とされがちだが，あらゆる教科の授業は，そのためのスタイルが決まり，それが学校と社会の中に位置づくことで可能になるのである。無論，逆に教育や学校の働きによって社会が方向づけられるという側面もある。こうした水準間の関係は二本の矢印「↕」によって表されている。なお，相互決定性の「相互」は，内容と指導法とがお互いに影響し合っていることを表している。

　階層構造モデルに基づくと，船長年齢トラブルは，まず教科水準や教育水準の条件としての教授学的契約によって引き起こされ，さらにその契約の背景には，社会水準や学校水準の条件としての教授パラダイムがある，というようにまとめられる*。

　＊教授パラダイムを階層構造モデルのどこに位置づけるかには，いくつかの見解が
　　ある（e. g., Gascón & Nicolás, 2019；Kim, 2015）。その具体化の度合いによっ
　　て様々な水準に関わるというのが実際であろう。ここではその最も影響力が強く
　　背景的である側面を強調し，社会や学校の水準の条件と表現した。また，教授学
　　的契約についても，教科や教育の水準に固有のものではなく，後述するより下の
　　レベルに位置するものもあり得る（cf. Miyakawa & Winsløw, 2009）。ここで述
　　べているのは，あくまでも船長年齢トラブルの事例に深く関わる契約の水準であ
　　る。

　ここまで「条件」という言葉を用いてきたが，条件の中には，当該の「立場
（position）」や「組織（institution）」にとって変えようがないものがある。例え
ば，一教師にとって，授業で用いる計算問題の数値は簡単に変えることができ
る条件である一方，学習指導要領に記載されている教えるべき知識は変えよう
がない。このような当人にとってどうしようもない条件のことを，教授学では
特別に「制約（constraint）」と呼ぶ。もちろん，ある条件が制約であるかどう
かは，それが課されている立場や組織を決めることで初めて明らかになる。例
えば，教えるべき知識は，普通の教師にとっては制約であるが，学習指導要領
の作成に関わっている人にすれば，制約ではなく可変な条件となるのである。
ではどの水準の条件までが教師という立場にとって変更可能で，どの水準の条
件からが制約となるのだろうか。このことを知るためには，われわれはもう少
し，決定性の階層を下らなければならない。

４．教師にできること・できないこと：主題水準への閉じ込め

　各教科には当該教科に固有の知識の構造がある。例えば平成29年３月公示の
学習指導要領では，算数という教科は「数と計算」，「図形」，「測定／変化と関
係」，「データの活用」の４つの領域からなり（文部科学省，2017），領域はさら
に数々の単元へと分割されていくというように，授業やカリキュラムにおいて
は，様々な記念碑がただ並んでいるわけではなく，そこには計画的な展示の工
夫がみてとれる。こうした教科内の知識の構造は，階層構造モデルでは「領
域」，「区域」，「主題」，「題材」という４つの視点で説明される（図15‐２）。
「領域」については，日本の教育用語とニュアンスは同じで，また日本でいう

単元には「主題」が概ね対応する。それらの間にある「区域」はサブ領域のようなもので，図形領域の中に論証幾何と測量幾何があることをイメージすればよい。「題材」は主題の構成要素であり，各授業で扱われる問題や内容のことを指す。

　これらの決定性水準のうち，教師が無理せず変更できる条件は，どこに含まれるだろうか。日本の伝統的な授業開発の道具・方法である「学習指導案」がどの水準のデザインまでを想定しているかを考えれば，簡単にこの問いに答えることができる。それは一時間の授業の目標，問題，展開などの設計図なので，基本的には題材水準の諸条件の設定を示したものである。さらにそこには単元全体の構造も載せられる。これは主題水準での条件決定である。ここまでは一教師に十分に可能な条件操作ということだろう。では区域や領域に

...
↕
教科（Discipline）
↕
領域（Domain）
↕
区域（Sector）
↕
主題（Theme）
↕
題材（Subject）

図15‐2　教授相互決定性の水準の階層構造(2)

ついても同じことがいえるだろうか。例えば，「図形の面積」に関わる諸単元を見直し，区域自体を一教師が根本的に再構成することはあるだろうか（4年生で台形の面積から始めるなど）。図形領域自体についてはどうだろうか（例えば，平行ではなく等辺性や等角性の視点から取り扱う図形を決める）。学習指導要領では，各学年で扱うべき内容が決められており，したがって，区域水準や領域水準の条件を変えることは，教師には通常できない。つまり，教師が「自由」に振る舞えるのは，主題水準までなのである。この現象は日本固有のものではなく，教授学では「主題水準への閉じ込め（thematic confinement）」と呼ばれる（cf. Barbé, Bosch, Espinoza & Gascón, 2005）。

　では，このような状況の中で，教師がすべきこととは一体何であろうか。これは教授学という知識の広がりの科学の範囲をこえた問いである。次節でこの問いについて若干の考察を行うことで，本構を閉じたい。

5．教師の専門性についての一考察

　第2節の結論は，船長年齢トラブルの解消のための手段として，作品訪問から世界探究への教授パラダイムの切り替えが有効そうということだった。もしそうであり，教師にそれが可能であるなら，船長年齢トラブルの原因を教師に求めることができるかもしれない。しかしながら，教授パラダイムが社会水準や学校水準の条件であるのに対し，教師にとって可変の条件は前節でみてきたように主題水準までである。つまり教授パラダイムの条件は，教師にとっては強力な制約なのである。このように考えれば，船長年齢トラブルの原因を，子どもや問題や教師に帰するのがいかに的外れであるかがわかる。

　ここで強調しておきたいことは，「主題水準に閉じ込められることがよくない」ということではなく，ある種の仕組みとして教師の「責任（responsibility）」や「役割（role）」や「持ち場（*topos*）」が主題水準に抑えられているということである。そこに制限があるにしても，日本の授業を高く評価する海外の声は少なくなく，それは「指導する内容が自然と生じるような問題から始める」，「教えるべき対象がまず問題解決の道具として現れ，徐々に明確になるように流れを導く」，「単元内の様々な概念や手法を関連づける」といった題材水準や主題水準の条件の徹底的な工夫の賜物といえる。上位水準の条件に制約されていることは授業の改善を不可能にするわけでは全くなく，題材・主題水準の条件操作への注力で指導をよりよくしていけるということが，この事実から学べる。

　では，こうした「条件と制約の複雑なシステムの一部としての教師」の自律性・専門性は，どのような思考態度によって支えられるのだろうか。ここまでの分析から，少なくとも2つの示唆を得ることができる。一つ目は，「教師という立場に解消できる問題を把握しようとする」ということである。授業研究の歴史が示すように，教師にとって操作可能な題材水準や主題水準の条件に由来する困難を克服することで，授業を改善していくことができる。しかし，そうした困難は実は全く自明ではない。船長年齢トラブルは，一見すると教師に解決できそうなものに思えるが，すでにみたようにそうではないのである。まずは教師が解決し得る問題を設定することが大事と考える。

　二つ目は，「制約間の力関係を理解しようとする」ということである。教師には矛盾する 2 つの制約の影響下で指導活動を行うことを強いられることがある（cf. Artigue, 2017）。典型的な例は，「探究型の指導を求められつつ，詰め込み指導が高い効果を発揮しやすい試験に対応しなければならない」という状況である。「新しい教育要請」と「古い評価体制」という 2 つの制約は，どちらの方が強いだろうか。「作品訪問パラダイムの優勢」，「学校システムのこのパラダイムへの最適化」，「探究的な指導を実現するための方法論の不足」などを踏まえれば，いまのところ明らかに探究型指導の制約の方が脆い。より堅い制約に合わない授業は契約の複雑化を招き，教師の努力とは裏腹に，児童の学習の質を余計に低下させかねない。ある日突然，教師に「今日は自由に問いの探究をしましょう」といわれても，児童は困ってしまう。この新しい状況がどのような教授学的契約の下で進んでいくのかさっぱりわからないからである。結果として生じるのは，教科の学習ではなく契約の学習である。それならば，既存の教育システムの限界を知りつつ，題材水準・主題水準の条件変更で対応できることに精力を傾ける方が，より生産的ではないだろうか。

　教職は「人類の叡智を次世代へとパスする」という極めて重要な職業であり，文明の維持と発展を支える「教授インフラ（didactic infrastructure）」の中心にある。すべての教師には，知識普及のライセンスをもつプロとして，やるべきことをやる責任がある。しかしながら，教師の任務とそうでないこととの境界線は，今日ますます淡い色になっているようである。この状況の中で，教師という立場に課されている制約やその力関係をしっかりと理解することは，教師がやるべきことと教師にはできないことを知るための第一歩である。そして，制約の探究は，当該の指導内容や指導方法を生み出している仕組みの反省であり，「どうすればいいか？」という方法への問いではなく「なぜなのか？」という理由への問いに導かれる。もちろん，教師の仕事は授業であるから，最後の問いは授業を行うための方法への問いになるのは当然である。しかし，ここまでみてきたように，教師には解決の難しい問題が現実には存在する。それに対する直接的な答えを追い求めることは，はたして教師のすべきことなのだろうか。

> どうしてそのように教えるのか？　なぜ別の仕方ではないのか？

この問いは，教授学という知識の広がりの条件を研究する科学の中心にあるばかりでなく，教師の専門性の基盤にも位置づかなければならないと，筆者は信じる。なぜなら，こうした深い反省に支えられた実践の集積が，高水準の制約をよりよい方向へと変えていく契機になると考えるからである。われわれは階層構造モデルの上昇矢印「↑」の存在と力を忘れてはならない。

第15講　参考文献

Artigue, M.（2017）"The challenging relationship between fundamental research and action in mathematics education", G. Kaiser（Ed.）, *Proceedings of the 13th International Congress on Mathematical Education, ICME-13 Monographs*, Springer: 145-163.

Barbé, J., Bosch, M., Espinoza, L. & Gascón, J.（2005）"Didactic restrictions on the teacher's practice: The case of limits of functions at Spanish high schools", *Educational Studies in Mathematics*, 59(1-3): 235-268.

ボスク，M.・ガスコン，J.（大滝孝治・宮川健訳）（2017）「教授学的転置の25年」『上越数学教育研究』32：105-118.

Brousseau, G. & Warfield, V.（2014）"Didactic contract in mathematics education", S. Lerman（Ed.）, *Encyclopedia of mathematics education*, Springer: 153-159.

シュバラール，Y.（大滝孝治・宮川健訳）（2016）「明日の社会における数学指導―来たるべきカウンターパラダイムの弁護―」『上越数学教育研究』*31*：73-87.

Chevallard, Y.（2019）"Introducing the anthropological theory of the didactic: An attempt at a principled approach", *Hiroshima Journal of Mathematics Education*, 12: 71-114.

エウクレイデス（斎藤憲・三浦伸夫［訳・解説]）（2008）『エウクレイデス全集―第1巻　原論 I -VI―』東京大学出版会.

Gascón, J., & Nicolás, P.（2019）. "Research ends and teaching ends in the anthropological theory of the didactic", *For the Learning of Mathematics*, 39(2): 42-47.

Gascón, J., & Nicolás, P.（2020）. "What kind of results can be rationally justified in didactics ?", M. Bosch, Y. Chevallard, F. J. García, & J. Monaghan（Eds.）, *Working with the anthropological theory of the didactic in mathematics edu-*

　　　cation : A comprehensive casebook, Routledge: 3-11.

IREM de Grenoble（1979）"Quel est l'âge du capitaine ?", *Grand N,* 19：63-70.

Kim, S.（2015）*Les besoins mathématiques des Non-Mathématiciens quel destin in-stitutionnel et social？ Études d'écologie et d'économie didactiques des con-naissances mathématiques.* Thèse doctoral. Université Aix-Marseille.

宮川健（2011）「フランスを起源とする数学教授学の『学』としての性格―わが国における『学』としての数学教育研究をめざして―」日本数学教育学会誌『数学教育学論究』94：37-68.

宮川健（2012）「フランスを起源とする数学教授学―『学』としての性格―」全国数学教育学会誌『数学教育学研究』18(1)：119-123.

宮川健（2017）「科学としての数学教育学」『教科内容構成特論―算数・数学―』上越教育大学：127-152.

Miyakawa T. & Winsløw C.（2009）"Didactical designs for students' proportional reasoning：An "open approach" lesson and a "fundamental situation"", *Educational Studies in Mathematics,* 72(2)：199-218.

文部科学省（2017）『小学校学習指導要領』.

森田真生（2017）「読み，書き，数学」『日本経済新聞・電子版（2017/11/9 14：00）』.（https://www.nikkei.com/article/DGXMZO23043870S7A101C1FBB000/）（2017/12/5）

（大滝孝治）

人 名 索 引

事 項 索 引

〈執筆者紹介〉（執筆順，執筆担当）

溝 口 達 也（みぞぐち・たつや，編者，鳥取大学地域学部）　はしがき，第1講，第6講

岩 崎 秀 樹（いわさき・ひでき，編者，広島大学名誉教授）　はしがき，第12講

杉 能 道 明（すぎの・みちあき，ノートルダム清心女子大学人間生活学部）　第1講

神 原 一 之（かんばら・かずゆき，武庫川女子大学教育学部）　第2講

中 和　　渚（なかわ・なぎさ，関東学院大学建築・環境学部）　第2講

阿 部 好 貴（あべ・よしたか，新潟大学大学院教育実践学研究科）　第3講

早 田　　透（はやた・とおる，鳴門教育大学学校教育研究科）　第3講，第12講

杉野本勇気（すぎのもと・ゆうき，香川大学教育学部）　第4講

上ヶ谷友佑（うえがたに・ゆうすけ，広島大学附属福山中・高等学校）　第4講

木 根 主 税（きのね・ちから，宮崎大学大学院教育学研究科）　第5講

伊 藤 伸 也（いとう・しんや，金沢大学人間社会研究域　学校教育系）　第5講

真 野 祐 輔（しんの・ゆうすけ，広島大学大学院人間社会科学研究科）　第6講，第13講

濵 中 裕 明（はまなか・ひろあき，兵庫教育大学大学院学校教育研究科）　第7講

瀬 沼 花 子（せぬま・はなこ，前・玉川大学教育学部）　第8講

大 谷 洋 貴（おおたに・ひろき，大妻女子大学家政学部）　第9講

袴 田 綾 斗（はかまた・りょうと，高知大学教育学部）　第9講

紙 本 裕 一（かみもと・ゆういち，東京未来大学こども心理学部）　第10講

福 田 博 人（ふくだ・ひろと，岡山理科大学教育推進機構　教職支援センター）　第11講

内 田 豊 海（うちだ・とよみ，鹿児島女子短期大学児童教育学科）　第11講

伊 達 文 治（だて・ふみはる，元・上越教育大学大学院学校教育研究科）　第14講

大 滝 孝 治（おおたき・こうじ，北海道教育大学釧路校）　第15講

これだけは知っておきたい

小学校教師のための算数と数学15講

2019年1月20日　初版第1刷発行	〈検印省略〉
2025年2月20日　初版第5刷発行	

定価はカバーに
表示しています

編著者	溝	口	達	也
	岩	崎	秀	樹
発行者	杉	田	啓	三
印刷者	江	戸	孝	典

発行所　株式会社　ミネルヴァ書房

607-8494　京都市山科区日ノ岡堤谷町1
電話代表　（075）581-5191
振替口座　01020-0-8076

© 溝口・岩崎ほか, 2019　　　共同印刷工業・吉田三誠堂製本

ISBN978-4-623-08428-9

Printed in Japan

すぐ実践できる情報スキル50 学校図書館を活用して育む基礎力

塩谷京子編著　Ｂ５判　212頁　本体2200円

●小・中学校9年間を見通した各教科等に埋め込まれている情報スキル50を考案。学校図書館を活用することを通して育成したいスキルの内容を，読んで理解し，授業のすすめ方もイメージできる。子どもが主体的に学ぶための現場ですぐに役立つ一冊。

教育実践研究の方法──SPSS と Amos を用いた統計分析入門

篠原正典著　Ｂ５判　220頁　本体2800円

●分析したい内容項目と分析手法のマッチングについて，知りたい内容や結果から，それを導き出すための分統計析方法がわかるように構成した。統計に関する基礎知識がない人，SPSS や Amos を使ったことがない人でも理解できるよう，その考え方と手順を平易に解説した。

宇宙人ミューとカイのかわいい統計大作戦──表とグラフで世界を知ろう！

小島寛之著　Ｂ５判　106頁　本体2000円

●「地球はどんな惑星か。ベータ星に報告せよ！」。ワクワクしながら，潜入調査に乗り出した，地球調査員のミューとカイ。UFO で世界を飛び回ったり，学校に忍び込んだり。「目で見た世界は，ただの印象にすぎない。事実を発見するにはな，数字を集めるんじゃ」。博士に教えてもらいながら，「数字」と「グラフ」で報告すると，意外な発見にびっくり。地球に広がる「世界」を「統計」で知る，面白くて，くすっと笑える大冒険。

わかる！　小学校の先生のための統計教育入門

坂谷内勝著　Ｂ５判　144頁　本体2200円

●学習指導要領に沿った，分かりやすい指導を目指す小学校の先生のための「統計教育の教科書」。算数をはじめ他教科との連携を重視しながら，表やグラフの作り方・見せ方を実践。統計の基本をしっかり理解する。算数が苦手な先生のために，難しい公式・数式・記号は使用せず，間違いやすいところを詳しく説明。小学生にとって身近なデータや Excel の使い方を初歩から学ぶ。明日からの授業づくりに活かせるポイントがつまった1冊。

──────── ミネルヴァ書房 ────────

https://www.minervashobo.co.jp/